GUIDE PRATIQUE

POUR

L'ENSEIGNEMENT DU SERVICE DES TROUPES

En campagne.

GUIDE PRATIQUE

POUR

L'ENSEIGNEMENT DU SERVICE

DES TROUPES EN CAMPAGNE

DANS LES ÉCOLES DE BATAILLON;

Par un Officier d'Infanterie saxonne.

TRADUIT DE L'ALLEMAND

Par un Officier d'État-Major.

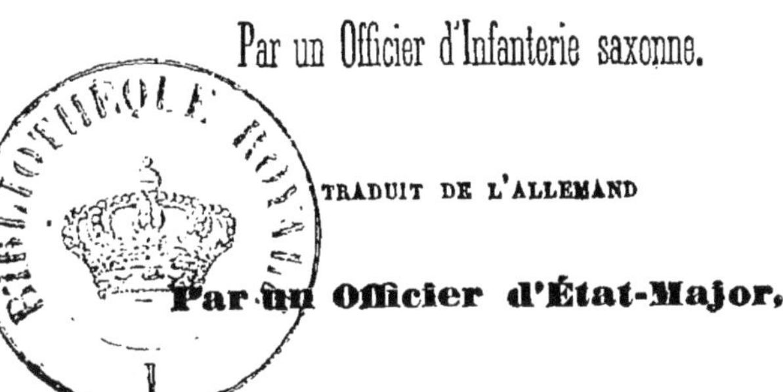

PARIS

J. CORRÉARD, ÉDITEUR D'OUVRAGES MILITAIRES,

RUE DE TOURNON, N° 20.

1844

GUIDE PRATIQUE

L'ENSEIGNEMENT DU SERVICE

DES TROUPES EN CAMPAGNE

DANS LES ÉCOLES DE BATAILLON.

AVANT-PROPOS.

En publiant cet essai, je ne prétends nullement imposer mes propres idées, soit à mes supérieurs, soit à ceux de mes camarades qui sont chargés de l'enseignement du service des troupes en campagne dans les écoles de bataillon. Je me borne seulement à leur offrir une méthode d'enseignement, dans l'espoir qu'elle leur rendra plus facile la tâche qu'ils ont à remplir.

Je ne le sens que trop, l'expérience, cette excellente institutrice du soldat, me manque complètement; et je sais que toutes les connaissances théoriques recueillies en temps de paix sont loin de satisfaire à toutes les éventualités qui se présentent dans la pratique. Mais enfin, il s'agit dans l'instruction de ramener la théorie aux principes les plus simples, et de rendre ces mêmes principes aussi clairs que possible aux élèves.

Pendant plusieurs années, j'ai eu l'honneur d'être chargé de l'instruction des sous-officiers, en ce qui concerne le service des troupes en campagne, et j'ai acquis l'intime conviction qu'une méthode serait d'autant plus utile pour le professeur, que sur cette branche d'instruction, les opinions sont très partagées, et que cependant il est indispensable que dans une armée, elles soient unanimes sur ce point.

J'ai consulté plusieurs ouvrages d'auteurs fort distingués, qui ont écrit sur l'art militaire; mais il me reste encore tant à apprendre, que c'est avec reconnaissance que je recevrai tous ses avis que l'on voudra bien me donner.

Si dans mon essai, la forme n'a été traitée, en général, que superficiellement, c'est que cette forme ne se règle que sur les différentes instructions relatives au service, et que par conséquent elle ne peut être appliquée au sujet que je traite. D'ailleurs, des formes trop sévères et trop multipliées ne pourraient que nuire à ce sujet et en gêner l'exécution.

J'ignore si j'ai bien fait de diviser mon ouvrage en paragraphes; ce mode m'a paru le plus convenable, en ce qu'il facilite le professeur dans sa marche progressive, et qu'il aide l'élève à mieux saisir les démonstrations. J'ai fait en même temps tous mes efforts pour éviter les longues définitions qui ordinairement fatiguent la mémoire et que l'on ne comprend pas.

L'AUTEUR.

INTRODUCTION.

§ 1.

Il est difficile et même presque impossible de donner des règles certaines pour le service des troupes en campagne, parce que ce service dépend des circonstances, de la force et du plus ou du moins de proximité de l'ennemi, du pays où l'on fait la guerre, et du terrain sur lequel on se trouve. La plupart des dispositions sont donc abandonnées à l'expérience et à l'intelligence de ceux qui sont chargés d'agir. Le sang-froid, la présence d'esprit, l'habileté à profiter des circonstances et du terrain, la résolution et le courage l'emporteront toujours sur toutes les théories qui ne seraient pas fondées sur ces qualités indispensables.

§ 2.

Une troupe quelconque, qui occupe, soit un cantonnement, soit un camp, soit un bivouac, ou qui marche en avant, ou qui bat en retraite, doit se garder par des détachements contre les surprises, les attaques et les excursions de l'ennemi, et chercher à s'assurer le plus promptement possible de son approche, de sa marche et de ses changements de position. Ainsi, le service des troupes en campagne enseigne non-seulement la manière de se garder, mais il indique aussi les moyens qu'on doit employer pour se procurer des nouvelles de l'ennemi.

§ 3.

La force des détachements de sûreté se règle suivant la nature du terrain, sur la force et le plus ou moins de proximité de l'ennemi. On admet donc en général ce principe : que plus une troupe est forte, plus le détachement chargé de la garder est faible, attendu que celui-ci n'est pas destiné à combattre, mais bien à surveiller les mouvements de l'ennemi, et à en donner avis et à l'arrêter assez long-temps pour que le corps de troupe principal puisse se mettre en mesure de le recevoir.

§ 4.

Dans notre armée, on emploie de préférence pour ces sortes de détachements les troupes légères particulièrement organisées et instruites pour ce service. Toutefois, par suite de l'instruction donnée aujourd'hui à la troupe de ligne, cette dernière est en état de remplir cette mission.

Ire PARTIE.

SERVICE DES AVANT-POSTES.

CHAPITRE Ier.

De la répartition des avant-postes et de leur destination spéciale. —De la conduite du commandant d'une grand'garde avant de se mettre en marche pour le lieu de sa destination.

§ 5.

Lorsqu'un corps de troupe s'arrête pour prendre des cantonnements, pour camper ou pour bivouaquer, il doit se garder contre les attaques et les surprises de l'ennemi par des troupes qu'il pousse en avant. On donne à ces troupes le nom d'avant-postes. La distance où ces troupes doivent être placées se règle sur la force du corps principal. Plus celui-ci est nombreux, plus les avant-postes doivent s'en tenir éloignés; car il faut plus de temps à une troupe nombreuse pour se préparer au combat.

§ 6.

Les avant-postes se divisent, savoir :

1° En grand'gardes avec des postes détachés et des védettes ou sentinelles.

2° En soutiens.

3° En réserve.

La distance entre ces différents détachements se règle selon les circonstances et la nature du terrain.

Remarque. Les circonstance ne permettent pas toujours d'avoir des réserves et des soutiens particuliers.

§ 7.

Les grand'gardes sont des postes établis aux principaux débouchés de la ligne des avant-postes. Leur force se règle sur l'importance du point qu'elles doivent occuper. Un officier subalterne commande ordinairement la grand'garde, lorsque celle-ci n'a pas la force d'une compagnie. *Les postes détachés ou avancés*, comme aussi les grand'gardes peu nombreuses, sont commandés par des sous-officiers. Toutefois, on doit faire choix pour ces commandements de sujets intelligents et résolus.

§ 8.

Pour bien observer un terrain qu'on a devant soi, pour s'apercevoir promptement de l'approche de l'ennemi, et pour rendre difficile et même impossible à quelqu'un de ses détachements de se glisser dans la ligne des avant-postes, les grand'gardes doivent assurer leurs communications par des sentinelles ou védettes, et par des patrouilles. La distance des grand'gardes entre elles se règle sur les circonstances et sur la nature du terrain. Toutefois, elle ne devra pas dépasser 1500 à 2000 pas, autrement la communication deviendrait difficile et la distance serait trop grande.

§ 9.

Les postes détachés ou postes de sous-officiers sont placés sur des points où de doubles védettes ne suffiraient pas pour les observer et les défendre. Leur force se règle sur la nature de leur destination. Cependant, ils sont rarement de plus de 8 à 12 hommes. Ces postes sont sous le commandement immédiat du commandant de la grand'garde qui les a détachés,

Lorsqu'ils sont poussés au-delà de la ligne des védettes, vers l'ennemi, on les désigne sous le nom de *postes avancés ;* ils occupent ordinairement des points d'où ils peuvent parfaitement découvrir le terrain qui est devant eux, et s'apercevoir de l'approche de l'ennemi. Ces postes sont généralement composés de cavalerie, mais on peut y employer aussi de l'infanterie, surtout dans un pays coupé et couvert.

§ 10.

Les sentinelles ou védettes, fournies par les grand'gardes, sont placées à quelques centaines de pas en avant, distance qui, du reste, se règle sur la nature du terrain et sur l'heure du jour. La nature du terrain détermine également la distance entre les sentinelles. Dans un pays découvert, on emploie moins de védettes pour se garder que dans un pays coupé et couvert. On place ordinairement deux sentinelles ensemble; ce que l'on nomme double védette ; une seule se nomme simple védette. Toute la ligne de ces védettes se désigne sous les noms de *chaîne de postes, chaîne, ligne de védettes.*

§ 11.

Les *soutiens* ont pour but de renforcer les grand'gardes lorsqu'elles doivent résister à l'attaque de l'ennemi, ou de les recueillir lorsqu'elles sont repoussées. Ils sont placés à quelque distance en arrière ou sur le côté.

§ 12.

Les *réserves* sont de forts détachements de troupes établis tout près de la colonne, sur des points propres à la défense ; elles doivent donner à toute la ligne des avant-postes les moyens de résister, lorsque, attaquées par des forces supérieures, les grand'gardes sont obligées de se replier avec leurs soutiens, et contenir vigoureusement l'ennemi, jusqu'à ce que le corps soit en état de combattre. Il n'est pas rare de voir ces réserves établies sur le flanc des avant-postes pour les assurer.

§ 13.

Le choix de la troupe dont les avant-postes doivent se composer, dépend aussi des circonstances et du terrain. En plaine et pendant le jour, on emploie de préférence de la cavalerie, soutenue par de l'infanterie ; pendant la nuit et sur un terrain coupé, on se sert principalement d'infanterie soutenue par des postes de cavalerie.—Ordinairement, on attache aux grand'-gardes d'infanterie, quelques cavaliers chargés, en cas d'urgence, de porter les rapports, et d'aller au loin en reconnaissance.

§ 14.

Tous les avant-postes sont sous les ordres immédiats du commandant des avant-postes : d'un général de brigade ou d'un officier d'état-major, qui règle leur placement. Un officier d'état-major de la brigade est chargé, en outre, de visiter les postes et les védettes. Les commandants de postes n'ont d'ordres et d'instructions à recevoir que de ces deux supérieurs et du général commandant le corps.

§ 15.

Avant de se rendre au lieu de sa destination avec sa troupe, le commandant de la grand'garde doit demander à l'officier d'état-major de service dans la brigade, des instructions précises sur les points suivants :

1° Le mot d'ordre.

2° Où, et à quelle distance à peu près se trouve l'ennemi.

3° Si, en cas d'attaque, le poste doit tenir, ou s'il doit se replier, et sur quel point.

4° Quelle doit être sa conduite dans le cas où les petits postes seraient attaqués et surtout obligés de se replier.

5° Où se trouve la troupe qui doit le soutenir.

6° Si des postes sont établis en avant.

7° Où sont placés les postes avec lesquels il doit se mettre en communication.

8° Quel est l'officier supérieur auquel il doit adresser ses rapports, et quel est celui qui le remplace en cas d'absence.

9° Où il doit prendre les vivres pour sa troupe.

10° S'il doit allumer son feu et le laisser brûler pendant la nuit.

Il est permis au commandant d'une grand'garde, de prendre note de ses instructions sur son carnet, à l'exception du mot d'ordre et dans la crainte que le mot d'ordre ne soit surpris, si le carnet venait à être perdu; il doit, en outre, se munir d'une montre qui aille exactement et de quelques feuilles de papier pour faire ses rapports écrits. Ensuite il dressera une liste nominative de ses hommes; il visitera les armes et munitions et fera charger les armes. On ne peut exiger d'un chef de grand'garde qu'il emporte des armes et des munitions qui soient en mauvais état et de mauvaise qualité; car il est personnellement responsable de tout événement fâcheux qui pourrait en résulter pour tout le poste et pour chaque homme en particulier.

§ 16.

La marche, pour se rendre à destination, doit s'exécuter avec calme et en prenant toutes les mesures de sûreté possibles; c'est-à-dire en s'éclairant par un piquet d'avant-garde, dont la force est proportionnée à celle du détachement. Un piquet d'arrière-garde n'est nécessaire que pendant la nuit et seulement lorsqu'il faut franchir des défilés et un terrain coupé et couvert. Pendant la marche, le commandant de la grand'garde ne doit pas négliger de faire observer à ses soldats, et particulièrement aux sous-officiers, les sentiers ou chemins détournés et tous les accidents de terrain. Cette précaution peut être très utile en cas d'attaque et aussi pour les patrouilles.

CHAPITRE II.

Etablissement d'une grand'garde. — Arrivée au lieu de destination, et premières mesures à prendre.—Placement des postes détachés et des védettes. — Consigne et instructions spéciales.

§ 17.

Dans presque tous les cas , l'officier supérieur qui commande les avant-postes indique au commandant de la grand'garde le poste qu'il doit occuper ; toutefois celui-ci a soin de choisir la position la plus favorable. Une grand'garde doit être placée de manière à ne pouvoir être vue de l'ennemi , sans cependant nuire à l'observation ni à la défense. Il n'est pas toujours possible de résoudre ce problême , et le terrain qui réunit ces deux avantages se trouve rarement.

§ 18.

Dans un pays entièrement découvert , chaque élévation de terrain doit être utilisée pour cet effet, si elle n'est pas trop éloignée de la position donnée. S'il ne s'en trouve point sur le terrain, on se couvre par une jetée de terre faite à la hâte ; par des abattis , etc.; car il est toujours bon de cacher à l'ennemi l'emplacement et la force d'une grand'garde. Si une grand'garde doit occuper un défilé, tel qu'un pont, une digue, un ravin, elle prend position en-deça du défilé pour ne pas être coupée, et pour pouvoir arrêter l'ennemi , s'il tentait d'y pénétrer. Lorsque des postes ne sont pas établis en avant de ces défilés, on rend ceux-ci impraticables au moyen de barricades construites, soit avec des charriots, des jetées de terre, des ustensiles de labourage, des abattis, etc.

Pour la destruction des ponts et le percement des digues, le commandant de la grand'garde doit demander des instructions particulières. — Dans un village, le poste devra s'approcher le plus possible du débouché vers l'ennemi et prendra position soit près de la route principale, soit sur un point propre à la défense. On placera les védettes à l'extrémité des enclos, lorsque le terrain qui se trouve devant elles est libre, ou dans le cas contraire, jusqu'à une percée. Dans ce dernier cas la grand'-garde peut se placer devant le village, pour être plus près des védettes. Les mêmes règles sont applicables lorsque la grand'garde a pris position dans un bois. Dans les deux cas les chemins latéraux doivent être gardés par des postes détachés et des védettes ou du moins des patrouilles. — Lorsqu'une grand'garde a devant sa position, soit un village, un bois, ou un terrain coupé, les védettes doivent être placées à une portée de fusil de ces objets, afin de ne pas être surprises par une attaque imprévue. — De fréquentes reconnaissances doivent y être envoyées pour épier les approches de l'ennemi. — Une maison, une ferme entourée d'un mur en pierre, un jardin ceint d'une haie épaisse, peuvent être occupés avec avantage par une grand'garde lorsque celle-ci a ordre de tenir dans sa position ; parce qu'un mur, une haie sont d'excellents moyens de défense pour l'infanterie, et qu'ils protègent contre les attaques impétueuses de la cavalerie ; seulement il faut se ménager des issues pour la retraite, afin d'éviter de se laisser tourner ou couper.

Remarque. Il est de toute impossibilité de citer tous les cas qui peuvent se présenter, c'est au professeur à choisir et à faire l'explication des différents exemples.

§ 19.

Lorsque le commandant de la grand'garde est arrivé au

poste qu'il doit occuper, et qu'il a choisi avec soin sa position, il fait marcher sa troupe, front à l'ennemi, (une grand'garde de plus de 12 hommes se met toujours sur deux rangs). Ensuite il donne aux sous-officiers et aux chefs de patrouille les mots d'ordre et de ralliement et le signal, et il donne connaissance de ces deux dernières aux soldats.

§ 20.

Le mot d'ordre (parole) est ou un prénom ou un nom de famille, et le mot de ralliement (*feldgeschrei*) un nom de pays ou de ville, tout deux sont transmis dans tout le corps par un ordre du jour, et varient tous les 24 heures. Le signal (*losung*) est un signe ou un mot, ordinairement un numéro, que chaque commandant de grand'garde détermine.

§ 21.

Le commandant de la grand'garde a soin de répéter à ses hommes l'instruction générale sur les védettes. Cette instruction se compose des articles suivants :

1° Examiner avec une attention soutenue le terrain qu'on a devant soi ou sur les côtés, afin que rien ne puisse pénétrer ou se glisser inaperçu près de la ligne des védettes, ou même la traverser.

2° Rendre compte avec célérité et consciencieusement de tout ce qui se passe dans la direction de l'ennemi, ou sur la ligne des védettes.

3° Dans les cas urgents, appeler la troupe d'observation, ou faire feu ; toutefois ce dernier moyen ne doit être employé qu'à la dernière extrémité pour éviter de donner l'alarme.

4° Pendant le jour crier, « Qui vive ! » sur tout ce qui s'approche venant du côté de l'ennemi ; pendant la nuit, par un temps de brouillard ou de neige, arrêter tout ce qui se présente, et se conformer, à cet égard, à ce que prescrivent les règlements.

5° Ne laisser passer, ni en dehors ni en dedans de la ligne, quiconque ne donne pas le signe de reconnaissance ou qui n'est pas connu des védettes. Renvoyer à la védette qui garde le passage, tout ce qui demande à traverser la ligne venant du côté de l'ennemi.

6° Ordonner aux déserteurs ennemis de s'arrêter, de faire front en arrière, de déposer leurs armes et de s'en éloigner. S'ils sont à cheval, ils doivent mettre pied à terre. S'ils sont poursuivis par l'ennemi et s'ils sont armés, leur ordonner de rebrousser chemin. S'ils sont armés, et s'ils ne se laissent pas arrêter, faire feu sur eux.

7° Si un parlementaire s'approche de la ligne des védettes, lui faire faire front en arrière, et mettre pied à terre. En faire de suite le rapport au commandant de la grand'garde, et, jusqu'à son arrivée, observer attentivement le parlementaire, et ne lier aucune conversation avec lui.

8° Ne communiquer le mot de ralliement ni le signal à qui que ce soit.

Lorsque des officiers veulent dépasser la ligne des védettes, ils doivent se faire reconnaître à la garde avancée, où il leur sera donné un homme pour les conduire jusqu'aux derniers avant-postes.

§ 22.

Lorsqu'une védette aura quelque chose à annoncer, un homme courra de suite à la grand'garde, tandis que l'autre redoublera de surveillance. Une védette simple, ne pouvant quitter son poste, elle prévient, par ses cris, la troupe d'observation ou la védette postée le plus près d'elle.

§ 23.

Lorsque la troupe prend possession du poste pour la première fois, et que, par conséquent, le terrain n'a pas encore été fouillé, on doit s'en occuper immédiatement, après avoir donné les instructions nécessaires. La disposition du terrain détermine la manière de procéder : sur un terrain ouvert ou peu coupé, de petites patrouilles suffisent ; sur un terrain coupé et couvert, au contraire, le commandant de la grand'garde détache une partie de ses hommes et se porte assez loin en avant pour s'assurer qu'il n'a rien à craindre ; l'autre partie reste sous les armes, et se considère comme soutien de la ligne des éclaireurs (*blaenkerlinie*) (1).

Il est nécessaire de reconnaître le terrain à plusieurs centaines de pas en avant de la limite que doit occuper la chaîne des postes(2). Cette opération terminée, on place les védettes et les postes détachés. Placer le moins de védettes possible est un principe dont un commandant de grand'garde ne doit pas s'écarter ; car, premièrement, les védettes ne sont pas appelées à défendre le terrain, mais seulement à l'observer, et, secondement, il faut bien se garder ici, comme dans tous les autres cas, de disséminer inutilement ses forces.

§ 24.

Les védettes doivent être placées de manière à pouvoir découvrir le terrain en avant et sur les côtés, sans être vues de l'ennemi. Cette dernière condition ne peut pas toujours être

(1) Cette ligne d'éclaireurs doit marcher sur un seul rang comme dans un bois.

(2) Lorsque des cavaliers sont attachés à une grand'garde, ils lui rendent de grands services en allant reconnaître au loin le terrain, quand celui-ci n'est pas trop accidenté.

remplie sur un terrain découvert. Dans ce dernier cas, la plus grande vigilance doit l'emporter sur la sûreté personnelle. Il doit exister une communication constante entre les védettes. Tant qu'elles peuvent se voir pendant le jour, cela suffit; mais pendant la nuit on doit établir cette communication par des patrouilles lorsque la force du poste le permet. Les védettes peuvent être doublées pendant le jour.

§ 25.

Il n'est pas permis aux védettes de se mouvoir pendant le jour; elles doivent rester en repos et se tenir cachées. La nature du terrain détermine si la baïonnette doit être mise ou non au bout du fusil et s'il faut éviter de porter l'arme.

C'est au commandant de la grand'garde qu'appartient de permettre ou de défendre de fumer. La vigilance des védettes doit redoubler pendant l'ouragan, la pluie ou la neige, et elles doivent avoir soin de garantir le fusil de l'humidité, sans toutefois entourer la batterie d'un mouchoir, ni mettre le bouchon dans le canon.

§ 26.

Les postes détachés et les postes avancés peuvent aussi placer une ou deux védettes s'il est nécessaire. La consigne reste la même.

§ 27.

Les védettes et les postes détachés reçoivent les instructions particulières sur le terrain qu'ils doivent occuper. Ces instructions ont rapport à la localité, au terrain qu'on a devant soi, et à la conduite à tenir en cas d'attaque. Chaque védette doit connaître le numéro ou le nom que lui a donné le commandant de la grand'garde; elle doit avoir aussi connaissance du nom des localités les plus proches de la position de l'ennemi et de la distance où il se trouve, de la direction des chemins et de la voie la plus courte pour se rendre à la grand'garde.

§ 28.

Lorsque la chaîne des postes est établie, on désigne la védette qui doit garder le passage (*zinlasvedette*) et à laquelle on doit adresser tout ce qui veut pénétrer en dedans de la ligne. — Si cette chaîne est très étendue on peut placer deux de ces védettes chacune sur un point différent. Derrière cette védette se trouve généralement un piquet d'observation qui se compose d'un caporal et 2-4 hommes, dont les fonctions sont d'aller reconnaître tout ce que la védette arrête. Si les védettes ne sont pas trop éloignées de la grand'garde le piquet d'observation peut faire partie de cette dernière. Il doit, dans tous les cas, se considérer comme soutien de la ligne des védettes. Dès qu'il entend crier aux armes, il doit se porter vivement en avant, et son chef interroge celui ou ceux qui se sont présentés, et fait prévenir le chef de poste ; jusqu'à l'arrivée de celui-ci la surveillance doit redoubler, et si celui ou ceux qui ont fait halte veulent quitter la place le piquet fait feu.

§ 29.

Tandis que le commandant de la grand'garde s'occupe d'établir les postes détachés et les védettes, des patrouilles dont il sera parlé dans la seconde partie, se mettent en marche, les unes dans la direction de l'ennemi, les autres pour se relier avec les postes voisins. Le commandant de la grand'garde doit aussi reconnaître le terrain en arrière de la chaîne des védettes, pour pouvoir prendre ses mesures en cas d'attaque.

CHAPITRE III.

Conduite des grand'gardes pendant le jour.

§ 30.

Dès que le commandant de la grand'garde est de retour à son poste, il doit faire son rapport au commandant des avant-postes. A moins d'ordre contraire, ce rapport peut être fait verbalement, attendu qu'il se borne ordinairement à indiquer l'emplacement, le nombre des védettes et des petits postes de sous-officiers. Toutefois, si pendant l'occupation du poste, il s'est passé quelque chose de remarquable, il en sera fait un rapport par écrit. Il devra être rendu compte immédiatement de tout événement de quelque importance. Les rapports, écrits ordinairement sur une feuille de papier blanc, doivent être courts, corrects et clairs, ils doivent indiquer le poste, la date, et l'heure du départ. Ils sont portés soit par un sous-officier, soit par un caporal ou un soldat de confiance au commandant des avant-postes.

§ 31.

Ceci fait, les hommes sont numérotés de manière à ce que chaque védette ait au moins trois numéros. — Les numéros commencent par la droite et le numéro relevé est toujours placé à la gauche : on peut aussi les établir en colonne en suivant toujours le même ordre. Si la force de la grand'garde le permet, il sera fait un choix spécial de sous-officiers et de soldats pour patrouiller ; on devra prendre pour cela des hommes intelligents, adroits et sûrs, et on les placera séparément.

Si le piquet qui est chargé de reconnaître fait partie de la grand'garde, on le tiendra aussi séparé du reste de la troupe.

§ 32.

La sentinelle devant les armes, dite védette simple, est placée à quelque distance en avant de la grand'garde, et reçoit la même consigne que les autres védettes. Elle est, en outre, tenue de fixer constamment son attention sur la ligne des védettes, et d'avertir le commandant du poste de tout ce qui s'y passe, comme aussi lorsque le piquet de reconnaissance est appelé à remplir sa fonction.

§ 33.

Le commandant de poste doit s'occuper ensuite d'assurer sa position, en profitant pour cela des facilités que le terrain peut lui offrir, ou en employant d'autres moyens pour se couvrir. Toutefois, il veillera à ce que ces moyens ne puissent nuire aux mouvements de sa troupe. — S'il est placé à un défilé, il sera informé, par le commandant des avant-postes, s'il doit rendre ce défilé impraticable, ou seulement le garder par des barricades. Des abatis d'arbres, des charettes chargées de terre et de fumier placées en travers, des ustensiles de labour amoncelés, etc., suffisent pour mettre un ravin, un pont de pierre, une gorge, à l'abri d'une surprise. Lorsqu'un pont est construit en bois, on en retire les madriers et les planches. Si le poste se trouve derrière un gué, le commandant y fait jeter tout ce qui peut le rendre impraticable, et il fait détruire les planches qui servaient à le traverser à pied. Il est bon d'agir avec prudence pour le percement des digues ; car il *faut beaucoup de temps pour les réparer*, et il en résulte quelquefois des inondations partielles qui peuvent nuire au but qu'on se propose. Les postes détachés devront agir de la même manière. Si des postes sont poussés en avant, le commandant de la grand'garde doit veiller à ce que leurs communications avec le poste ne puissent être coupées.

§ 34.

La proximité de l'ennemi et les circonstances décideront si tous les hommes du poste doivent quitter leurs armes et se reposer. Dans ce cas , les fusils sont mis en faisceaux et les hommes quittent leurs sacs. Il est du devoir du commandant de la grand'garde de ménager sa troupe autant que possible pendant le jour, afin qu'elle ne soit pas fatiguée pour la nuit, où il est nécessaire de redoubler de vigilance. Les hommes chargés d'aller chercher l'eau , les combustibles et les vivres, sont escortés par un détachement armé; avant leur départ, pour éviter la confusion, ils mettent leurs armes séparément en faisceaux. — Le feu de la grand'garde doit être allumé sur le flanc du poste et dans un trou creusé à la profondeur de quelques pieds, afin de ne pas avoir la vue masquée par la fumée et de ne pas être trahi par la flamme pendant la nuit.

Les grand'gardes ni les védettes ne doivent rendre les honneurs. Si un officier supérieur se présente, les hommes restent assis ou couchés; le commandant du poste va au devant de lui et fait son rapport. — Les védettes rendent simplement compte de ce qu'elles ont pu voir de remarquable.

§ 36.

Lorsque le poste est mis dans le meilleur état de défense possible, le commandant va s'assurer personnellement si les sentinelles et les postes de sous-officiers exécutent leur consigne, et il leur donne ses instructions particulières.

§ 37.

Le nombre des patrouilles et des reconnaissances est réglé

par le commandant de la grand'garde, suivant les circonstances et la proximité de l'ennemi. Mais, dans tous les cas,
une ou plusieurs rondes doivent avoir lieu après chaque changement de position ou la relevée de védettes. Dans le voisinage de l'ennemi, et sur un terrain très coupé, les reconnaissances doivent se succéder sans interruption. Il sera fait de
fréquentes rondes dans les cas suivants :

1° Lorsque les hommes sont nouveaux ou peu sûrs ;

2o Lorsque la troupe a été longtemps sans repos ;

3° Lorsque les communications avec les autres postes ne
sont pas suffisamment assurées par les védettes et les postes
détachés ;

4o Pendant la nuit, le brouillard et un temps de neige ;

5° Lorsque le terrain qu'on occupe est coupé ou fourré.

Au retour de la première reconnaissance, il sera fait un
rapport sur tout ce qu'on aura pu observer. Si, en visitant ses
postes pour la première fois, le commandant de la grand'garde
a fait un changement dans leur position, il en fait mention au
rapport. Autant que possible, il doit s'assurer par lui-même
de tout ce qui lui a été rapporté par les patrouilles et les védettes, avant d'en rendre compte.

Remarque. Ce sujet sera traité particulièrement dans la
deuxième partie (au chapitre des patrouilles).

§ 38.

Lorsqu'un parlementaire se présente aux avant-postes, le
chef de la grand'garde se porte en avant pour connaître l'objet de sa mission. Si elle se borne à la remise de dépêches, il
les reçoit, en donne un reçu et les expédie avec un rapport au
commandant des avant-postes. Si, au contraire, le parlementaire désire traiter verbalement, il en fait de suite son rapport.

Jusqu'à l'arrivée de la réponse, il ne doit pas être permis au parlementaire de pénétrer dans la ligne des vedettes. — Si le commandant des avant-postes consent à le recevoir, on lui bande les yeux et on le conduit sous escorte. A son retour, il doit se hâter de quitter la zone des avant-postes.

§ 39.

Les déserteurs ne peuvent être reçus que lorsqu'ils ne sont pas poursuivis par l'ennemi. On les conduit à la grand'garde où ils sont surveillés avec soin jusqu'à l'arrivée des ordres du commandant des avant-postes. Si ces déserteurs arrivent en assez grand nombre, pour que leur admission puisse être dangereuse pour la grand'garde, son commandant doit demander des ordres. On ne doit ajouter foi *qu'avec réserve* aux renseignements que donnent les déserteurs sur la position, sur la force et sur la proximité de l'ennemi; car les rapports de simples soldats sont rarement exacts.

§ 40.

Lorsqu'un homme de la grand'garde vient à déserter, le mot d'ordre doit être changé immédiatement; on en fait le rapport, on en prévient les autres postes par une circulaire, et l'on envoie des patrouilles sur les traces du déserteur. Si ce déserteur est un sous-officier qui ait connaissance du mot (*Parole*), on remplace ce mot par un autre. On agit de la même manière, lorsque des patrouilles des postes avancés ou des védettes sont enlevées par l'ennemi.

§ 41.

Lorsque des patrouilles ont fait des prisonniers, ceux-ci,

après avoir été interrogés avec soin, sont envoyés, sous bonne escorte, au commandant des avant-postes. Il faut encore moins se fier aux renseignements que l'on reçoit des prisonniers; car ils ne les donnent jamais volontairement.

CHAPITRE IV.

De la conduite des védettes et des grand'gardes pendant la nuit.

§ 42.

A la nuit tombante, il est de règle de changer la position des avant-postes, et de la concentrer davantage. C'est le commandant des avant-postes qui, dans la journée, désigne aux grand'gardes l'emplacement qu'elles doivent occuper pendant la nuit. Le placement des postes détachés est abandonné au chef de la grand'garde, lequel doit prendre de bonne heure ses mesures à cet égard. Toutes les grand'gardes qui, pendant le jour, n'ont pas eu à occuper un défilé ou un village, doivent se replier à la nuit avec leurs sentinelles, etc., et la ligne est renfoncée par des védettes intermédiaires.

§ 43.

Les postes avancés sont rappelés; les védettes placées dans les lieux bas, lorsque le terrain et les circonstances n'exigent pas le contraire, parce que pendant la nuit on ne peut pas voir d'une hauteur ce qui se passe dans le bas, tandis que d'un lieu bas, on peut distinguer tout ce qui vient d'en haut, surtout pendant une nuit étoilée et le clair de lune.

§ 44.

Comme pendant la nuit on se sert plus de l'ouïe que de la vue, on doit éloigner les védettes de tout objet qui peut faire du bruit, comme par exemple une chute d'eau, les arbres, un bois, un moulin, etc. Si les védettes sont placées sur la lisière d'un bois ou sur les bords d'un ruisseau, dont les eaux font entendre leur murmure, elles doivent, dans le premier cas, se porter en avant, et dans le second, s'éloigner de l'eau. On recommande aux védettes de mettre souvent l'oreille contre terre pour distinguer à temps l'approche de l'ennemi, elles doivent être attentives à tout espèce de bruit, et doivent en avertir immédiatement.

§ 45.

Pour entretenir constamment la communication avec les autres védettes, celles-ci étant doublées, l'une d'elles se détache et se porte sur la védette la plus voisine, tandis que l'autre reste et observe. Il n'est, par conséquent, pas permis aux sentinelles de se coucher ou de s'asseoir. — La baïonnette doit toujours être au bout du fusil. Pour accroître la vigilance et mieux entretenir les communications, surtout lorsque le terrain est coupé, fourré et d'un aspect inégal, on doit envoyer de fréquentes patrouilles.

§ 46.

Le commandant d'une grand'garde ayant changé la position des postes de sous-officiers et des védettes, il retourne à son poste pour y faire ses dispositions. Il renouvelle ses instructions à la troupe, prend ses mesures pour la défense, règle l'itinéraire des patrouilles, et indique principalement aux sous-officiers l'emplacement qu'ils doivent occuper en cas d'attaque imprévue, et la conduite qu'ils ont à tenir dans cette circonstance.

§ 47.

Il fait ensuite son rapport au commandant des avant-postes, sur le changement de position, et fait partir des rondes et des reconnaissances. Les premières ont pour but de chercher à assurer les communications avec les autres postes ; les secondes, de s'informer du changement de position de l'ennemi. Le chef de la grand'garde s'assure par lui-même de l'exécution de la consigne donnée aux védettes, et leur indique avec précision ce qu'elles ont à faire suivant la nature des localités.

§ 48.

Pendant la nuit, la moitié ou le tiers au moins des hommes de la grand'garde doivent veiller tandis que les autres se reposent. Les circonstances décident si les hommes qui veillent doivent rester sous les armes. Lorsqu'on est très près de l'ennemi, sur un terrain tout-à-fait inconnu, toute la grand'garde doit veiller et être prête à prendre les armes. Si des cavaliers sont attachés à la grand'garde, tous ne doivent pas mettre pied à terre, ni s'éloigner des chevaux, et encore moins déseller.

§ 49.

Lorsque des détachements rentrent, il est convenable que le commandant de la grand'garde fasse prendre les armes à tous ses hommes, afin de rétablir l'ordre. Au point du jour, moment où le plus communément ont lieu les attaques de l'ennemi, le nombre des hommes prêts à prendre les armes est augmenté. Le commandant de la grand'garde ne doit point se livrer au repos, il doit veiller à ce que la plus grande vigilance soit observée.

§ 50.

Lorsqu'on est autorisé à entretenir du feu, il faut autant que possible le tenir masqué, afin que la flamme ne puisse trahir l'emplacement de la grand'garde. Les postes détachés ne doivent jamais en allumer.

§ 51.

Les postes de sous-officiers se conduisent généralement comme les grand'gardes. Tous les hommes doivent être toujours prêts à prendre les armes, et personne ne doit se livrer au repos.

§ 52.

La pluie avec un grand vent, la neige tombant avec abondance, ou le brouillard, peuvent rendre ces précautions nécessaires pendant le jour comme pendant la nuit.

§ 53.

Lorsque la grand'garde prend possession du poste pendant la nuit, et que son commandant ne connaît ni le terrain ni la distance où il se trouve de l'ennemi, il doit s'entourer d'une ligne épaisse de védettes, et rester sous les armes avec sa troupe jusqu'à la pointe du jour. De fréquentes patrouilles chercheront autant que possible à établir les communications avec les autres postes et fouilleront avec prudence le terrain en avant. On doit, en pareille circonstance, éviter de faire le moindre bruit, pour ne pas éveiller l'attention de l'ennemi sur l'existence du poste, et on se gardera d'allumer du feu.

CHAPITRE V.

Conduite à tenir dans le cas où une grand'garde et les autres postes seraient attaqués.

§ 54.

Nous avons déjà dit que les grand'gardes, les postes détachés et les védettes doivent toujours être prêts en cas d'attaque, c'est pourquoi chaque commandant doit donner des instructions précises à cet égard.

En attaquant, l'ennemi peut avoir pour but :

1° De reconnaître la position des avant-postes, de harceler et de fatiguer les troupes, ou bien :

2° De joindre à cette démonstration, l'intention de repousser les avant-postes pour gagner du terrain, et

3° D'attaquer le corps principal.

Le plan et la vigueur de l'attaque qu'il se propose se règlent suivant le but qu'il veut atteindre.

§ 55.

Les avant-postes doivent toujours se tenir sur la défensive. Il est facile de prescrire quelques règles pour la défense des grands'gardes ; mais ces règles seront très souvent modifiées selon les circonstances.

1° Le commandant d'une grand'garde doit tenir le plus longtemps possible, et disputer le terrain pied à pied.

2° Les positions fortes, les défilés, etc., qui retardent la marche de l'ennemi doivent être défendues lors même que les autres postes se retirent, à moins que le commandant de poste n'ait reçu d'ordres contraires.

3º Contre de faibles attaques sur des points isolés, attaques qui ressemblent plutôt à une reconnaissance, on peut agir offensivement. Des embuscades, des troupes détachées sur le front de l'ennemi le forceront à la retraite.

4º Lorsque le poste attaqué est obligé de se retirer, ou le point sur lequelle il doit opérer sa retraite a été déterminé à l'avance, ou le commandant de la grand'garde a été laissé maître de le choisir. Dans ce dernier cas, il doit diriger sa retraite sur son soutien, afin de se réunir à lui. De là il se replie sur la réserve, en ayant soin de ne pas se diriger sur le front, mais bien sur le flanc de cette réserve pour ne pas gêner ses mouvements. La retraite doit se faire avec le plus d'ordre possible et sans précipitation.

Remarque. Comme il est impossible de prévoir ici tous les cas qui peuvent se présenter, c'est au professeur à choisir les exemples les plus convenables en ayant soin de ne pas oublier que les sous-officiers ne commandent que des petits postes. La règle peut être générale ; mais l'exemple doit être spécial.

§ 56.

Lorsque des coups de fusils viennent porter l'alarme dans la ligne des védettes, ou que le commandant du poste est informé de l'approche de l'ennemi, il fera prendre aussitôt les armes à sa troupe, et se portera avec une patrouille sur la ligne des védettes. Après s'être fait rendre compte, il agira suivant les circonstances ; c'est-à-dire qu'il éparpillera une partie de la grand'garde sur la ligne des védettes ou sur un terrain favorable pour pouvoir les recueillir, et il considèrera comme soutien la portion de troupe restée réunie. En cas d'attaque, les védettes deviennent une ligne de tirailleurs, et si le terrain ne permet pas de faire une plus longue résistance elles se retirent sur le flanc de la grand'garde avec les postes détachés.

§ 37

Si le poste a pris position dans un village ou dans un bois, on fait occuper par des tirailleurs la lisière du bois ou les enclos du village par la troupe restée réunie sur le chemin principal ; et pour rendre la défense plus énergique et plus efficace on ne commence le feu que lorsque l'ennemi est à portée ordinaire de fusil. Si celui-ci attaque avec des forces supérieures, la troupe bat alors en retraite, et va prendre position à une portée de fusil en arrière du village ou du bois, afin de recueillir les tirailleurs, et d'empêcher l'ennemi de leur couper la retraite. — Si le poste défend un défilé, la troupe doit en garder l'entrée ; et en faire occuper les bords, des deux côtés, par des tirailleurs qui, en cas de retraite, sont chargés de couvrir la troupe. Si, étant parvenu à forcer le passage et à repousser la troupe, l'ennemi continue à la serrer de près, avec une force qui ne soit pas de beaucoup supérieure, elle peut faire volte-face, et attaquer vivement à la baïonnette ; ce mouvement a été souvent d'un bon effet, en forçant l'ennemi à s'arrêter et quelquefois même à se replier. Lorsque c'est de l'infanterie qui se retire devant de l'infanterie, on conserve l'ordre étendu et la réserve se tient à quelques centaines de pas en arrière des tirailleurs en prolongeant pour les recueillir et former un nouveau front. Les tirailleurs ayant dépassé cette ligne, exécuteront la même manœuvre sur un terrein convenable, et la retraite se continuera dans cet ordre.

§ 58.

Lorsque les védettes d'infanterie sont attaquées par de la

cavalerie, ce qui naturellement ne peut avoir lieu qu'en plaine, et lorsqu'il n'y a point de cavalerie pour soutenir ces védettes, elles doivent se retirer vivement et se replier sur la grand'garde. Celle-ci reste réunie, et reçoit les cavaliers ennemis en exécutant un feu vif et nourri. C'est ainsi que doit s'effectuer la retraite. Le commandant fera souvent faire volte-face à sa troupe, et quelques tirailleurs, se tenant à proximité, pourront par des coups bien ajustés, chercher à arrêter les cavaliers ennemis. Lorsque, de cette manière, on sera parvenu à atteindre un terrain favorable, et à se mettre à couvert, on établit l'ordre de bataille convenable.

Remarque. On expliquera ce paragraphe par des exemples.

§ 59.

Lorsque l'attaque et la retraite ont lieu pendant la nuit, il serait nuisible et même dangereux de prolonger la troupe et de former une ligne de tirailleurs. Dans ce cas, la grand'garde devra se retirer réunie ; mais avant de commencer son mouvement en arrière, elle pourra envoyer un détachement pour la recevoir. Lorsqu'elle aura dépassé ce détachement, celui-ci se chargera de la défense, et la grand'garde ira prendre position à quelque distance sur la ligne de retraite. C'est ainsi que se continuera le mouvement.

§ 60.

Lorsqu'un poste intermédiaire est attaqué, il agit alors d'après les instructions qui lui auront été données à cet égard. Le but de l'ennemi n'attaquant qu'un seul poste n'est ordinairement que de s'assurer de sa position et de sa force. Les postes voisins peuvent envoyer alors quelques détachements, qui, en menaçant les flancs et les derrières de l'ennemi, lui font abandonner son projet et le forcent à se retirer. A moins qu'ils ne se présente des circonstances favorables pour l'ennemi, une attaque sérieuse qu'il tenterait sur un seul poste ne pourrait que lui être désavantageuse, parce que ses flancs seraient mis en danger par les postes intermédiaires.

§ 61.

Lorsqu'une attaque aura été repoussée, le commandant des avant-postes fera poursuivre l'ennemi, mais avec prudence, et pendant l'espace de quelques centaines de pas seulement, de crainte d'une embuscade.

§ 62.

Après le combat, le commandant de la grand'garde réunit sa troupe pour la remettre en ordre, et des patrouilles cherchent à rétablir les communications qui, pendant la nuit surtout, auraient été perdues.

§ 63.

Les soutiens qui au début du combat se sont mis en mouvement, ont dû recevoir leurs instructions du commandant des avant-postes. Ces instructions se règlent sur la nature du terrain et sur les circonstances.

CHAPITRE VI.

Relevé des védettes et des postes; attaque et enlèvement d'une grand'garde.

§ 64.

Les védettes sont relevées dans l'ordre des numéros, soit d'heure en heure, soit de deux heures en deux heures. Ordinairement les hommes qui vont prendre la faction sont conduits par un caporal; il peut cependant se présenter des cas, où les védettes sont obligées de se glisser isolément à leur poste; par exemple lorsqu'on est très près de l'ennemi et sur un terrain découvert. — Si la ligne de védettes est très étendue, on partage en deux détachements les hommes qui vont relever, afin d'arriver plus vite au but.

§ 65.

La relevée des védettes se fait toujours sous la surveillance d'un sous-officier ou du commandant du poste. Avant le départ des védettes leurs armes sont inspectées de nouveau, et on leur rappelle les points principaux de la consigne.

§ 66.

La védette qui relève marche en faisant front à l'ennemi; elle va se placer à la gauche de l'autre védette, et se fait donner la consigne. Le sous-officier rectifie les erreurs, et ajoute à ce qui manque. Les védettes rentrantes doivent, pendant la nuit surtout, se hâter de donner le mot d'ordre pour éviter d'être arrêtées inutilement.

§ 67.

La relevée des grand'gardes a lieu généralement toutes les vingt-quatre heures, et avant le jour, parce que c'est à ce moment surtout, que les attaques et les surprises sont le plus fréquentes, et que les hommes sont plus fatigués. Il en résulte aussi l'avantage qu'à ce moment la force des avant-postes se trouve doublée.

§ 68.

Lorsqu'une nouvelle grand'garde prend possession du poste, son commandant se fait rendre compte, par celui qu'il relève, de tout ce dont il est nécessaire qu'il soit informé. Il fait partir plusieurs patrouilles qu'accompagnent des sous-officiers du poste relevé, afin de reconnaître le terrain.

§ 69.

Le nouveau chef de poste se porte en avant avec une partie de sa troupe, pour lui faire reconnaître la position et les environs, et se fait accompagner par l'officier qu'il remplace. Pendant cet intervalle, les hommes des deux grand'gardes qui occupent le poste, ne quittent pas leurs rangs et restent sous les armes.

§ 70.

La grand'garde relevée, ne doit se retirer que lorsqu'il ne reste plus rien à faire, et que toutes les patrouilles sont rentrées. La marche doit s'exécuter avec calme et être protégée par une arrière-garde. Si le nouveau chef de la grand'garde croit devoir faire un changement dans sa position, et dans le nombre des védettes, il en est le maître, mais il doit alors en rendre compte immédiatement au commandant des avant-postes.

§ 71.

Lorsque l'ordre est donné d'abandonner les avant-postes, ce mouvement s'exécute généralement pendant la nuit. Il faut, en pareil cas, observer le plus grand silence. Avant le départ, on alimente les feux, afin de mieux tromper l'ennemi. — A une époque fixée, on fait rappeler les védettes les plus éloignées. Lorsque les postes détachés auxquels on aura dû recommander la plus grande exactitude sont arrivés ainsi que les védettes, on se met en marche : ceux-ci, (postes détachés et védettes) formant l'arrière-garde.

IIme PARTIE.

DES PATROUILLES.

INTRODUCTION.

§ 72.

Les patrouilles sont de petits détachements qui se composent d'infanterie ou de cavalerie, et qui sont chargés, soit d'exécuter une mission, soit de recueillir les nouvelles qui peuvent intéresser la sûreté du corps d'armée. La cavalerie surtout est propre au service des patrouilles, mais l'infanterie y est employée également avec succès. Une patrouille peut être formée de cavalerie et d'infanterie, lorsque le terrain et les circonstances le rendent nécessaire.

§ 73.

Les patrouilles doivent s'appliquer principalement à remplir leur mission dans le plus court délai, et avec le plus grand secret possible, et surtout à éviter toute rencontre avec l'ennemi, précaution que la faiblesse numérique des patrouilles rend nécessaire. Des ordres particuliers permettent quelquefois de faire exception à cette règle; mais ces cas là ne sont toujours que des exceptions. Chaque patrouille a un chef qui est responsable de la stricte exécution des ordres qui lui ont été donnés.

§ 74.

Les patrouilles se divisent en rondes et en reconnaissances;

Les rondes sont chargées :

1° De s'assurer de la vigilance des védettes et des postes détachés et de l'exacte exécution de leur consigne ;

2° De fouiller le terrain aux environs de la grand'garde;

3° D'assurer et de maintenir les communications avec les postes intermédiaires.

Ces patrouilles sont composées de deux à quatre hommes conduits par un chef.

Les patrouilles de reconnaissance peuvent avoir pour but divers objets dont les principaux sont :

1° De s'informer de la proximité et de la position des avant-postes de l'ennemi ;

2° De fouiller le terrain ;

3° De reconnaître différents objets sur le terrain ;

4° D'attaquer des postes isolés pour en reconnaître la force et la composition.

La force de ces patrouilles se règle suivant le but de leur mission ; toutefois elles ne peuvent être moindre de six hommes, conduits par un chef. Il y a cependant des circonstances où deux ou trois hommes suffisent pour aller à la découverte.

CHAPITRE Ier.

Patrouilles de ronde.

§ 75.

Le nombre des patrouilles de ronde ayant été indiqué dans la leçon sur le service des avant-postes, il est inutile de le répéter ici. Dans les circonstances ordinaires, et pendant le jour, une patrouille de ronde ne se compose que d'un chef et de deux hommes; si cependant elle doit dépasser la ligne des avant-postes, pour fouiller le terrain dans le voisinage, ou si l'on se trouve à une grande proximité de l'ennemi, cette patrouille doit être forte de quatre hommes et un sous-officier.

§ 76.

Avant de quitter la grand'garde, le chef de la patrouille reçoit ses instructions du commandant du poste. Il se fait indiquer l'itinéraire qu'il doit suivre, et inspecte les armes de ses hommes.

§ 77.

Il se met ensuite en marche dans l'ordre suivant : Le chef de la patrouille se porte à 20 ou 30 pas en avant, et se fait accompagner par un soldat, si la patrouille est forte de quatre hommes, afin de mieux s'assurer de la vigilance des védettes. La patrouille devra marcher lentement, en évitant de faire le moindre bruit; le chef s'arrêtera souvent pour écouter, et pendant la nuit il se couchera à terre pour y appliquer l'oreille.

Remarque. Cet ordre de marche ne s'observe que pendant la nuit et sur un terrain très couvert.

FIG. I.   D^r chef de patrouille.

20 à 30 pas.

patrouille.

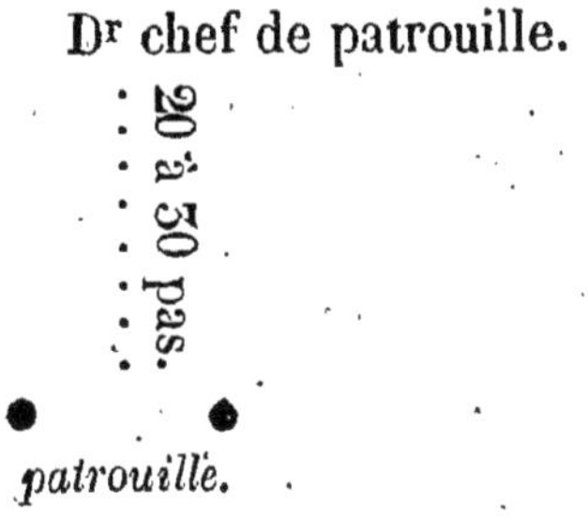

FIG. II.   ♂ Chef de patrouille.

• un homme.

20 à 30 pas.

patrouille.

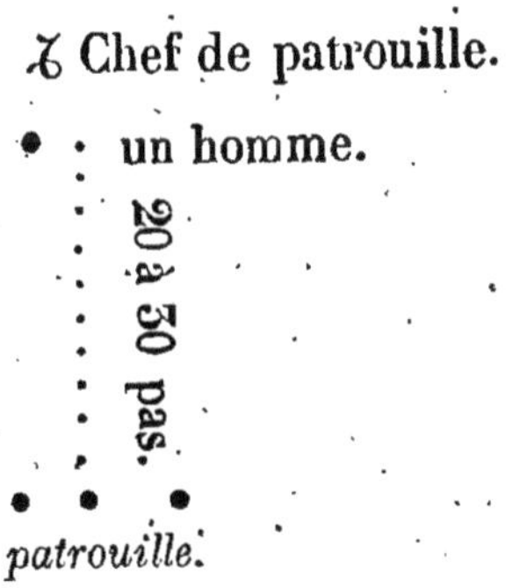

§ 78.

Les hommes doivent, comme les védettes, dissimuler le port d'armes pendant le jour. L'attention de la patrouille doit se porter non-seulement sur les védettes, mais principalement sur le terrain qu'elle parcourt. Si quelque objet attire son attention, elle doit s'en approcher avec précaution ; si elle y rencontre l'ennemi, elle fait feu aussitôt, ou, s'il est temps encore, le chef de patrouille détache un homme pour prévenir le commandant du poste.

§ 79.

Lorsque la patrouille est chargée de fouiller quelque portion de terrain dans le voisinage, son chef fait faire halte à quelque distance ; il fait mettre la baïonnette au bout du fusil, si déjà cette précaution n'a pas été prise, et envoie 1 ou 2

hommes en avant, pour reconnaitre ; s'ils n'ont rien découvert, le chef suit avec le reste de ses hommes.

§ 80.

Au cri de « qui vive » des védettes, la patrouille s'arrête,
sans toutefois s'apprêter à faire feu ; le chef se porte en avant
et donne le mot de ralliement, s'il le juge à propos ; il s'arrête
pour examiner les védettes sur les points principaux de la
consigne et se faire répéter le cri de guerre (*Feldgeschrei*),
et le mot de ralliement ; cet examen terminé, il fait signe à
ses hommes de le suivre et continue sa marche.

§ 81.

Lorsqu'un chef de patrouille trouve une védette endormie,
ou hors de service par suite d'indisposition, d'ivresse, etc., il
la fait relever par l'un des hommes de la patrouille, et la conduit à la grand'garde. Si une védette vient à manquer, elle
doit être également remplacée. Dans ce cas, la patrouille se
rend au poste par le chemin le plus court, pour avertir, et
faire changer le cri de guerre et le mot de ralliement ; car il
est à présumer, que la védette manquante a déserté, ou qu'elle
a été enlevée par l'ennemi.

§ 82.

Lorsqu'une patrouille a dépassé la chaîne des postes et
qu'elle est arrêtée par un cri de qui vive, partant du côté de
l'ennemi, elle s'apprête à faire feu, et un homme de l'escorte
se porte vivement auprès du chef de patrouille pour le soutenir. Si le cri vient d'une patrouille amie, les deux chefs devront se reconnaître. Le droit d'examen appartient au chef
de la patrouille qui a crié ; mais, à son tour, le chef de l'autre
patrouille se fait donner le mot pour s'assurer également

qu'il a affaire à une troupe amie. Si la patrouille rencontre celle de l'ennemie, elle fait feu sans autre examen, et règle sa conduite sur la force de son adversaire.

§ 83.

Une patrouille de ronde doit toujours se considérer comme le soutien des védettes. Si sur son passage un piquet d'observation est appelé à marcher, la patrouille se hâte de la remplacer en allant occuper sa position ; si des coups de fusils sont tirés, elle règle sa conduite sur celle de la troupe qu'elle vient de remplacer. Si la chaîne des postes est réellement attaquée, la patrouille doit prêter son secours là où elle peut être le plus utile. Enfin, si une attaque a lieu lorsque la patrouille a dépassé la lignes des védettes, elle doit se replier sur cette ligne et faire cause commune avec elle.

§ 84.

Lorsqu'une patrouille de ronde a reçu l'ordre de pousser jusqu'à un poste intermédiaire, pour établir la communication avec lui, ou pour s'informer de son emplacement, le chef de patrouille s'adresse au commandant de la grand'garde à laquelle appartient le poste intermédiaire, et s'informe s'il y a quelque chose de nouveau.

CHAPITRE II.

Patrouilles de reconnaissance. — Devoirs généraux des chefs de patrouille.

§ 85.

Nous avons déjà indiqué dans l'introduction quel était le but des patrouilles de reconnaissance, nous allons donc entrer de suite en matière, et commencer par les devoirs généraux que chaque chef de patrouille a à remplir lorsqu'il doit dépasser la chaîne des védettes et marcher dans la direction de l'ennemi. Ceci nous conduit naturellement aux points principaux suivants :

1° Connaissance des localités.

2° Connaissance de tout ce qui a rapport à l'ennemi.

3° Rapports.

4° Considérations sur l'itinéraire à suivre.

§ 86.

Il est de la plus haute importance, non seulement pour le chef de patrouille, mais pour la patrouille elle-même, de connaître les localités qu'elle a à parcourir. Ce n'est qu'à cette condition qu'elle peut remplir avec succès la mission dont elle est chargée. Il est aussi d'un grand avantage, soit pour attaquer, soit pour battre en retraite, d'avoir une connaissance parfaite du terrain. Avant son départ et pendant la marche, le chef de patrouille doit faire tous ses efforts pour acquérir cette connaissance, en observant avec soin tout le terrain qu'il peut apercevoir. — Il y a pour cela des têtes heureusement organisées qui d'un coup-d'œil pénétrant et pratique savent reconnaître rapidement la nature d'un terrain. L'attention doit se porter principalement sur les chemins, sur leur direction et sur leur jonction avec celui qu'on parcourt. Tous les individus que la patrouille rencontre doivent être interrogés sur les localités. Si la patrouille a dû prendre un guide, elle se fait renseigner par lui; du reste, il est toujours préférable de ne pas en avoir.

§ 87.

Après la connaissance du terrain, il est de la plus haute importance pour le chef de patrouille d'être renseigné sur tout ce qui concerne l'ennemi. Avant de se mettre en marche, il doit donc s'informer le plus exactement possible de la position et de la distance où se trouve l'ennemi, de l'espèce de troupe qui occupe ses avant-postes, et de l'itinéraire que tiennent ses patrouilles. Pendant la marche, il doit chercher à augmenter ces connaissances et à les compléter. Tout ce qui vient du côté de l'ennemi doit être interrogé avec soin, sans cependant ajouter une foi aveugle aux rapports de cette nature. Les points culminants sont souvent uu bon moyen pour arriver au but qu'on se propose, pourvu qu'on ne s'expose pas à être découvert. Lorsqu'on est obliger de traverser un lieu habité, ce qu'on doit éviter autant que possible, on en interroge les habitants.

§ 88.

Le chef de patrouille étant obligé à son retour de faire un rapport consciencieux sur tout ce qu'il a vu et appris de remarquable, il ne doit pas s'en rapporter aveuglément au récit de ses subordonnés; mais bien s'assurer par lui-même de tout ce qui lui a été signalé. Un rapport de cette espèce doit indiquer la source où les nouvelles ont été puisées. — Si une patrouille a aperçu l'ennemi, ou recueille quelques nouvelles importantes, et si en même temps la nature de sa mission ne lui permet pas de retourner sur ses pas, son chef fait immédiatement, s'il est possible, un rapport par écrit, et l'expédie par un homme sûr. De tels rapports doivent être clairs et concis. Si les circonstances ne permettent pas de le faire par écrit, on chargera, en présence de témoin, un homme intelligent et sûr, de le faire verbalement. Pour plus de sûreté, deux hommes peuvent être détachés pour cette mission. Avant leur départ il sera bon de leur faire répéter le rapport verbal qu'ils sont chargés de faire.

§ 89.

Il n'est nullement indifférent pour une patrouille de connaître l'itinéraire qu'elle doit suivre pour exécuter les ordres qui lui ont été donnés. L'objet de la mission a nécessairement une grande influence sur la route à suivre. Dans tous les cas, il faut toujours suivre celle où l'on n'est pas exposé à être vu de l'ennemi, et qui offre plus de sûreté. La lisière d'un bois, la crête d'une hauteur peuvent couvrir la marche, sans que pour cela, on soit obligé de s'écarter de la direction qu'on doit suivre. Souvent, la saison, l'heure où l'on se trouve en marche, la nature du terrain, l'ignorance complète où l'on est des localités et le danger qu'on peut courir, ne permettent pas de s'écarter des chemins frayés; dans ce cas, il faut redoubler de précaution.

§ 90.

En général, il est convenable qu'une patrouille ne revienne pas par le même chemin. L'ennemi doit toujours être dans l'ignorance de sa marche. Il en résulte en outre le grand avantage de pouvoir fouiller une plus grande partie du terrain. Si le cas se présente que la patrouille soit obligée de faire un grand détour, le chef doit, s'il est possible, en donner connaissance au commandant de la grand'garde.

CHAPITRE III.

Conduite avant le départ.—Ordre de marche.—Exploration des localités.—
Mesures à prendre pour couvrir le retour et pendant la halte.

§ 91.

Avant de se mettre en marche, le chef de patrouille se fait
donner des instructions détaillées, non-seulement sur le but
de sa mission, mais aussi sur l'itinéraire qu'il doit suivre. Il
prend avec lui le nombre d'hommes nécessaires; inspecte les
armes et les munitions; fait charger les armes; convient de
certains signaux avec ses hommes, et se munit de quelques
feuilles de papier blanc pour les rapports écrits. — On ne
doit employer pour les patrouilles de reconnaissance que des
chefs intelligents et des soldats agiles; deux qualités indispensables lorsqu'il faut agir isolément.

Remarque. On fera suivre ici l'explication des signaux. *Voyez*
l'appendice § 115.

§ 92.

Dès qu'une patrouille a dépassé la chaîne des postes, elle
emploie pour se couvrir une partie de sa troupe; toutefois,
on ne doit prendre pour cela que le nombre d'hommes stric-
tement nécessaire, car il est toujours inutile et même dangereux de trop se disséminer. De faibles patrouilles doivent employer proportionnellement un plus grand nombre
d'hommes pour se couvrir; mais comme ses flanqueurs ne
s'éloignent pas beaucoup, il est facile de les réunir. Les
exemples suivants peuvent servir de règle.

A. *Marche d'une patrouille forte de 6 hommes et un sous-officier,
sur un terrain coupé.*

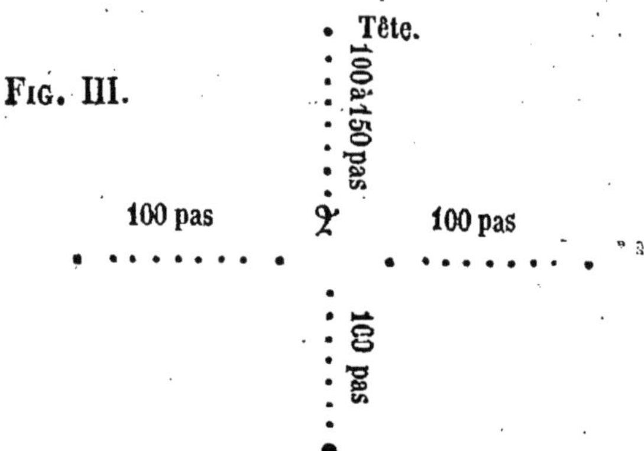

S'il est nécessaire, deux hommes peuvent marcher en tête.
Sur un terrain complètement ouvert, on peut supprimer le
soutien sur un seul flanc, ou sur les deux flancs à la fois, suivant la disposition du terrain. Par exemple :

Si la tête est formée de deux hommes, l'un d'eux se porte
à 20 ou 25 pas en avant ; la même chose a lieu pour l'arrière-
garde.

B. *Ordre de marche d'une patrouille forte de 12 hommes et un sous-officier.*

FIG. VI.

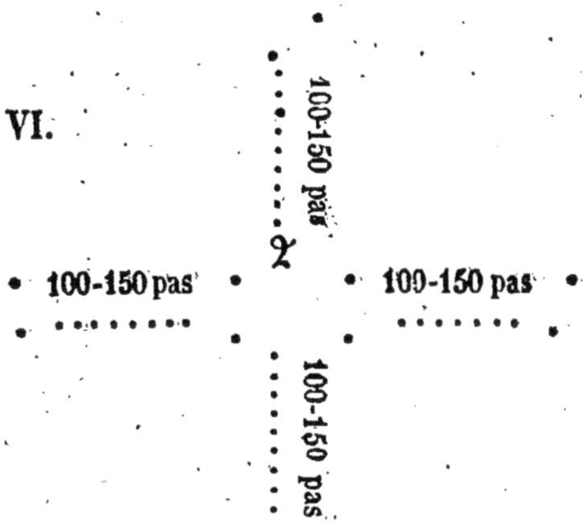

100-150 pas

100-150 pas

100-150 pas

100-150 pas

C. *Ordre de marche d'une patrouille composée d'un officier; 2-3 sous-officiers et 20—30 hommes.*

FIG. VII.

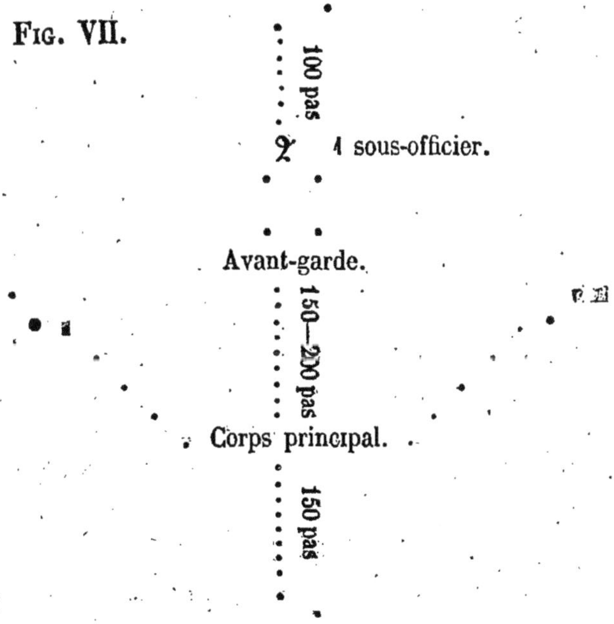

100 pas

1 sous-officier.

Avant-garde.

150—200 pas

Corps principal.

150 pas

Des détachements plus forts et auxquels on donne alors le nom de reconnaissances, ont un but plus élevé et sortent du cadre de cette instruction. La nuit comme dans le jour, par le brouillard, la neige ou sur un terrain très fourré, il sera nécessaire d'employer plus d'hommes pour protéger la marche.

§ 93.

La distance où doivent se tenir la tête et les flanqueurs de la troupe principale, dépend de l'heure, du temps, de l'état du terrain, de la force de la patrouille, comme aussi de la mission qu'elle a à remplir. Les flanqueurs s'éloigneront rarement au-delà de 150 pas. Sur un terrain très couvert et dans les défilés, on diminue cette distance ; sur un terrain ouvert au contraire , on l'augmente proportionnellement. Naturellement, les flanqueurs ne pourront pas toujours conserver cette distance, mais cela ne présente aucun inconvénient. Au retour, on devra observer le même ordre dans la marche.

§ 94.

La disposition du terrain ou d'autres circonstances défavorables pour la patrouille, peuvent nécessiter ou du moins rendre convenable, un changement dans l'ordre de la marche : comme par exemple, en hiver, par une forte neige qui vous met dans l'impossibilité de vous éloigner de la route ; ou lorsqu'on traverse un long défilé, etc., etc. Dans ces différents cas, la patrouille se divise par petites portions de 2 hommes chacune, se suivant avec précaution à une distance de 60 à 100 pas.

§ 95.

Une patrouille ne doit jamais marcher sur un terrain, où

l'ennemi pourrait s'embusquer, sans l'avoir d'abord fouillé avec soin; elle né doit pas non plus longer un terrain de cette nature sans prendre la même précaution. Les faibles patrouilles doivent étendre ces précautions jusqu'aux plus petits objets. On agira de même au retour. Les éclaireurs chargés de fouiller le terrain doivent être au moins deux ensemble; et si ce nombre ne suffit pas, toute la patrouille se dispersera. Arrivée à quelque distance de l'objet à reconnaître, la patrouille fera halte et se mettra à couvert; s'il n'existe rien qui puisse la couvrir, les hommes se coucheront à terre, le chef de patrouille ne perdra pas de vue les éclaireurs, et ceux-ci, croisant la baïonnette, s'approcheront l'un après l'autre et avec précaution du terrain ou de l'objet à reconnaître, en se tenant éloigné de 20 à 25 pas les uns des autres, et en s'observant mutuellement avec soin. S'ils n'ont rien remarqué, ils font signe à la patrouille de suivre avec précaution. Dans un bois, où il est impossible de s'apercevoir constamment, le chef convient d'un signal quelconque pour se faire reconnaître et pour entretenir la communication. Dans un village, les éclaireurs se glisseront le long des premières maisons et chercheront à s'emparer d'un habitant, pour en obtenir des nouvelles de l'ennemi, et ils le conduiront auprès du chef de la patrouille. On s'informera principalement si l'ennemi envoie des patrouilles, de l'heure à laquelle elles passent, de leur force et de l'espèce de troupe dont elles se composent. Le chef de la patrouille gardera près de lui le paysan, et il ne le laissera aller que lorsque le village aura été franchi par sa troupe.

Il faut surtout observer les chemins dans toute leur direction. Si des haies, des murs, etc., bordent un chemin, les éclaireurs devront se replier et suivre le chemin. S'il se présente un ravin, on n'y laissera pénétrer qu'un seul éclaireur, tandis que l'autre cherchera à se frayer un passage sur les bords. Lorsque deux éclaireurs seront arrivés près d'une éminence, l'un d'eux la gravira vivement, et observera tout autour de lui, en évitant autant que possible de se laisser voir ; l'autre attendra en bas jusqu'à ce que son camarade lui fasse signe de le rejoindre ; la patrouille continuera alors sa marche, et suivra avec précaution. Toute découverte faite sur la présence ou les mouvements de l'ennemi, sera signalée de suite au chef de la patrouille. Les individus venant du côté de l'ennemi, seront arrêtés et interrogés ; ils pourront ensuite continuer leur route, mais jamais retourner sur leurs pas. Ceux qui suivraient le même chemin que la patrouille, et qui se dirigeraient vers l'ennemi seront également arrêtés, et on ne les remettra en liberté que lorsque la patrouille n'aura plus rien à craindre. Les éclaireurs devront s'observer mutuellement, et ne pas se perdre de vue, afin que si l'un d'eux fait un signal, il puisse être répété, ou qu'on puisse en donner connaissance au chef de la patrouille ; la tête doit se retourner souvent vers la troupe, et l'arrière-garde observer avec soin le chemin que celle-ci vient de parcourir. Lorsqu'une patrouille a fouillé une partie de terrain, les éclaireurs ne se portent pas de suite en avant, mais se placent sur la lisière en se tenant cachés pour mieux observer. Si on n'a rien découvert, on continue la marche dans l'ordre précédent.

§ 96.

Les faibles patrouilles doivent se borner à reconnaître des objets de peu d'étendue, comme par exemple, des petits bouquets de bois, des hauteurs, des ponts, des bâtiments isolés, etc. — Si elles ne peuvent éviter de traverser des parties de terrain étendues, elles le font avec beaucoup de précaution, surtout pendant la nuit. Comme pendant les nuits obscures,

il n'y a que l'ouie qui puisse nous servir, la marche devra
s'exécuter sans bruit. De temps en temps, les éclaireurs devront se coucher alternativement à terre, et prêter l'oreille,
et de temps à autre le chef de patrouille en fera autant. Le
moindre bruit ne doit jamais paraître insignifiant.

§ 97.

Lorsqu'une patrouille est dans la nécessité de revenir par
le même chemin, et de franchir des ponts, des digues ou
autres défilés, on conseille de laisser à l'entrée une partie de
la troupe, pour assurer la retraite, ou du moins pour être
averti de l'approche de l'ennemi. Si la patrouille est forte au
point de pouvoir laisser assez de monde en arrière pour résister avec succès aux attaques de l'ennemi, cette règle peut
être avantageuse. Mais elle ne peut s'appliquer à une patrouille
qui ne pourrait disposer que d'un ou deux hommes pour cet
objet; car cette patrouille étant parvenue de l'autre côté du
défilé, les hommes qu'elle aurait laissé en arrière pourraient
être facilement enlevés, et elle-même se trouver en danger.
Il serait donc plus convenable d'éviter tout ce qui peut faire
supposer à l'ennemi l'existence d'une patrouille au delà du
défilé. Toutefois, il peut se présenter des cas où cette mesure
peut être d'une grande utilité; exemple: lorsque la patrouille
n'est pas obligée de s'éloigner du défilé, qu'elle peut être
avertie de bouche ou par des coups de fusil de l'approche de
l'ennemi, et revenir encore à temps sur ses pas. Les hommes
laissés en arrière doivent se placer de manière à pouvoir découvrir promptement l'ennemi. L'avertissement verbal est,
dans tous les cas, préférable, parce qu'un coup de fusil tiré
trop tôt peut faire non-seulement manquer le but de l'expé-
dition, mais aussi nuire à la sûreté de la patrouille. Si les
hommes laissés en arrière sont surpris par l'ennemi, ils doi-

vent faire feu et se retirer le plus vivement possible. Il est d'une grande utilité pour toute patrouille de reconnaissance, de se mettre en rapport, et d'être en bonne intelligence avec les habitants; les chefs de patrouille devront à cet effet maintenir une discipline sévère.

§ 98.

Toutes les fois qu'une patrouille est obligée de s'arrêter, soit pour fouiller le terrain, soit pour recueillir des nouvelles, etc., elle doit, autant que possible, se tenir cachée et placer une ou plusieurs védettes pour sa sûreté. Elle doit, pour se couvrir, profiter de toutes les circonstances de localités propres à cet effet, à l'exception toutefois des lieux clos qui pourraient gêner sa retraite. Une patrouille ne s'arrêtera jamais dans un lieu habité, surtout dans une auberge; son séjour dans un tel lieu ne peut avoir que des suites fâcheuses.

CHAPITRE IV.

Conduite d'une patrouille lorsqu'elle rencontre l'ennemi , et en cas
d'attaque.

§ 99.

La conduite d'une patrouille qui rencontre l'ennemi varie
suivant les circonstances. L'heure où la rencontre a lieu , la
force de l'ennemi, celle de la patrouille, la disposition du terrain, tout cela est d'une grande influence en pareil cas. Dans
tout état de choses, à moins d'ordres contraires, la patrouille
doit éviter de se rencontrer avec l'ennemi, et de se laisser découvrir par lui, afin d'exécuter le plus secrètement possible, la
mission dont elle est chargée. Si l'on rencontre l'ennemi à
peu de distance des avant-postes, et qu'il soit assez en force
pour être dangereux, on fera feu aussitôt. Cette précaution est
principalement nécessaire pendant la nuit, ou pendant le jour
sur un terrain coupé, où la vue des védettes se trouve bornée.

§ 100.

Nous allons indiquer ici la conduite que doit tenir une patrouille dans les circonstances qui se présentent le plus communément ; savoir :

1º Lorsqu'une patrouille ou un détachement ennemi est
rencontré au repos ou en marche ;

2º Lorsque la patrouille découvre l'ennemi entre elle et les
avant-postes ;

3º Lorsque, dans l'un et l'autre cas, la patrouille est aperçue
de l'ennemi ;

4° Lorsqu'une patrouille rentrante aperçoit l'ennemi derrière elle.

§ 101.

Si un éclaireur découvre un poste, une védette de l'ennemi, etc., il en informe de suite le commandant de la patrouille ; celui-ci arrête sa troupe et se porte de sa personne au lieu indiqué. S'il trouve que le rapport est fondé, et si sa mission exige qu'il se procure de plus amples renseignements, il réunit sa patrouille près d'un lieu où elle puisse être à couvert ; place un ou deux hommes pour sa sûreté, et cherche à s'assurer si ce qu'on a découvert est une patrouille au repos, ou une védette appartenant à une grand'garde de l'ennemi. L'issue favorable de cette recherche dépend en partie des circonstances, de l'habileté et de l'intelligence du chef, et aussi en partie du terrain. Des points élevés et inoccupés dont il peut s'approcher avec précaution lui seront d'un grand secours. Si la contrée est coupée, on peut envoyer des émissaires pour obtenir des nouvelles certaines sur la position de l'ennemi et sur l'étendue qu'elle occupe. Dès qu'on est informé de ce qu'on voulait savoir, on peut effectuer sa retraite. — Si une patrouille est arrêtée pendant la nuit par le cri de : qui vive ! et qu'elle soupçonne avoir donné sur un poste ennemi, elle doit se réunir vivement et se porter un peu en arrière pour se mettre hors de portée de la chaîne des avant-postes. Pour plus de certitude, son chef enverra quelques hommes dans la même direction ; s'ils sont arrêtés de nouveau, ils se retireront sur la troupe, ou ils se jetteront à droite et à gauche pour voir si, à quelque distance de là, ils ne seront pas arrêtés par le même cri. Si en effet on crie : qui vive ! sur eux, on peut en conclure qu'on a des avant-postes devant soi. Ces hommes rejoindront alors la patrouille et on battra en retraite, à moins que les ordres ne portent le contraire. Si cependant le cri de qui vive n'a pas été réitéré, c'est qu'on se sera rencontré avec une patrouille.

§ 102.

Deux cas peuvent se présenter lorsqu'étant en marche, une patrouille découvre un détachement ennemi. Ou celui-ci vient au-devant d'elle, en prenant la direction des avant-postes, ou il suit une autre direction sur laquelle il ne peut découvrir ni la patrouille ni les avant-postes. Dans ces deux circonstances, la patrouille peut, ou se retirer, ou prendre un autre chemin, afin d'exécuter les ordres qui lui ont été donnés. En cas de retraite, elle peut l'effectuer sur le même chemin, ou bien elle se jette sur le côté. Ce dernier parti est préférable au premier, parce qu'on est moins exposé à être découvert, et que d'ailleurs il présente l'avantage de pouvoir observer l'ennemi, et épier ses mouvements. Le chef de la patrouille arrête alors sa troupe près d'un objet où il puisse la mettre à couvert; et, de là, il observe sans relâche les mouvements de l'ennemi. Lorque celui-ci est passé, la patrouille se retire par un autre chemin. Lorsqu'un fort détachement ennemi s'approche, on en informe le commandant du poste le plus voisin. Si la patrouille se trouve dans le voisinage des avant-postes, et que l'ennemi ne soit pas trop supérieur en force, on peut trouver une occasion favorable de lui dresser une embuscade. Dans ce cas, le chef marche avec sa patrouille et profitant des avantages du terrain, il attaque vivement l'ennemi sur son flanc et sur ses derrières. Si au contraire la patrouille ne veut pas se retirer, mais bien continuer son chemin, elle doit chercher par un prompt détour à éviter toute rencontre, et si elle y est parvenue, elle continue sa marche, ou attend le retour de l'ennemi.

§ 103.

L'ennemi ne marchant ni sur les avant-postes, ni sur les patrouilles, et celle-ci voulant continuer sa marche, elle se tiendra cachée jusqu'à ce que l'ennemi soit assez éloigné pour qu'elle puisse se remettre en mouvement. Mais si le chef de patrouille veut, auparavant, s'assurer de la direction que prend l'ennemi, il peut le faire suivre avec précaution par quelques hommes intelligents marchant isolément.

§ 104.

Lorsqu'une patrouille aperçoit derrière elle, l'ennemi suivant la même direction, et si elle a sur lui de l'avance, elle se réunit promptement en serrant sur la tête ; se jette sur le côté du chemin ; s'y tient cachée, laisse passer l'ennemi, et, si sa mission l'exige, elle continue sa marche, lorsque celui-ci est assez éloigné. — Si une patrouille rentrante, ayant aperçu l'ennemi devant elle, venant du côté des avant-postes, ou marchant dans cette direction, reconnaît qu'il est en force ; elle cherchera, dans le premier cas, à lui échapper, en se jetant sur le côté ; mais dans le second cas, elle fera en sorte de prévenir les avant-postes du danger qui les menace, soit en détachant un homme sûr et intelligent, soit en faisant feu. Lorsqu'une rencontre avec l'ennemi n'est pas expressémen défendue, on peut, dans les circonstances que nous venons de citer, trouver des occasions d'entreprendre quelque chose contre lui, parce que s'il se trouve dans le voisinage des avant-postes, il se trouvera attaqué de front et en dos, et verra sa retraite menacée.

§ 105.

Généralement il n'y a pas de raison pour qu'une patrouille

voyant venir l'ennemi à elle pendant la nuit, cherche à l'éviter pour revenir par un autre chemin, après l'avoir laissé passer ; car tous les avantages qui pourraient en résulter de jour n'existent plus pendant la nuit. Si de nuit une patrouille donne sur celle de l'ennemi, sans en être aperçue, elle doit se réunir et battre en retraite, ou se tenir caché sur les côtés de la route.

§ 106.

Lorsqu'une patrouille est aperçue par les postes et les védettes ennemis sur lesquels elle vient de se heurter, les circonstances et les ordres qu'elle a reçus lui indiquent ce qu'elle a à faire : c'est-à-dire si elle doit se retirer immédiatement ou rester encore quelque temps. Si l'ennemi est en marche il s'agira de s'assurer s'il cherche à éviter la patrouille, ou si son intention est de l'attaquer ; dans le premier cas la conduite est facile ; quand au second, il sera parlé plus loin, dans ce même chapitre, de la manière dont on devra se comporter. Si une patrouille, qui est en marche pour rentrer, est suivie de loin par l'ennemi, elle doit s'arrêter pour tâcher de s'assurer de sa force. Mais si elle est suivie de près, elle accélèrera sa retraite et cherchera, soit en envoyant un avis, soit en faisant feu, à prévenir les avant-postes de l'approche de l'ennemi.

§ 107.

Il est impossible d'indiquer des règles générales applicables à tous les cas, sur la conduite que doit tenir une patrouille lorsqu'elle est attaquée ; ici, aussi, tout dépend de la force respectives des deux patrouilles ; de la situation du terrain, de la distance où l'on se trouve de ses avant-postes et d'autres circonstances favorables ou défavorables. Toutefois, on peut admettre ou que la patrouille qui attaque est la plus forte, ou qu'elle a l'avantage du terrain. Si la patrouille attaquée a sa retraite assurée, il n'y a pas alors de grand danger pour elle ; puisque à chaque pas qu'elle fait, elle se rapproche de ses avant-postes et d'un terrain qui lui est bien connu, tandis que l'ennemi s'éloigne toujours de plus en plus de son soutien. Une patrouille se trouvant attaquée, son chef doit réunir ses hommes le plus vivemeut possible pour ensuite ordonner la retraite. Tout éparpillement est dangereux, surtout pour de faibles détachements ; de même aussi, un trop long séjour sur un terrain coupé, parce que la patrouille peut y être facilement tournée et coupée. Pendant la retraite, le chef de patrouille doit mettre tout en œuvre pour obtenir l'avantage sur l'ennemi, soit à l'aide du terrain, soit par une conduite habile. Contre de l'infanterie, on envoie quelques éclaireurs qui, toutefois, ne doivent pas trop séloigner ; le chef garde près de lui quelques hommes qui forment en même temps un soutien.

Par exemple :

Chef avec 6 — 8 hommes :

FIG. VIII.

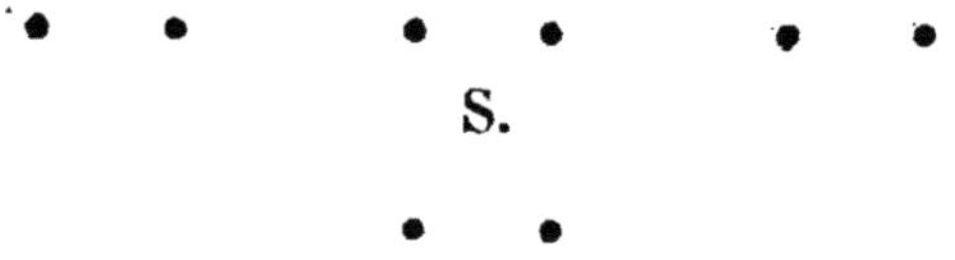

S.

1 chef et 12 hommes :

F G. IX.

S.

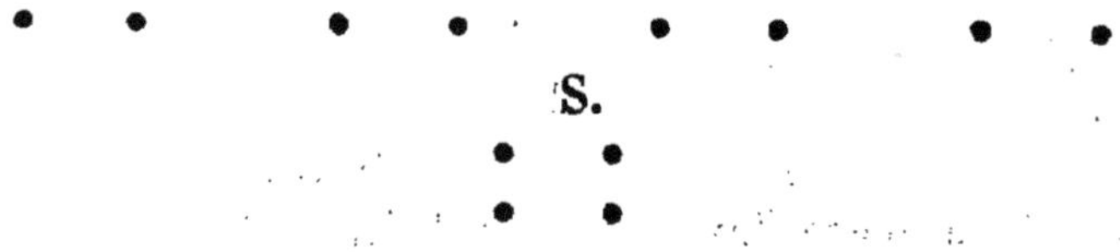

On doit profiter de tout accident de terrain pour la défense. Si la troupe ennemie est composée de cavalerie, la patrouille restera réunie et cherchera à gagner une objet qui puisse la couvrir. De plus fortes patrouilles disposent leur ordre de combat et leur retraite, comme une grand'garde qui se retire; sujet que nous avons traité à l'article du service des avant-postes, ou comme une arrière-garde qui se retire, qui soutient le combat et dont nous avons parlé à l'article sur les *divisions de sûreté (Sechercheits = abtheilungen en marche.*

Remarque. Il est impossible de donner des exemples pour tous les cas qui peuvent se présenter. On laisse au professeur le soin de les choisir et de les expliquer.

§ 108.

Si l'ennemi qui attaque se trouve placé entre la patrouille et nos avant-postes, la position devient beaucoup plus dangereuse pour la patrouille, elle doit chercher alors à effectuer sa retraite sur son flanc, et faire tous ses efforts pour ne **pas** se laisser repousser et pour gagner du terrain. S'il ne reste à la patrouille qu'une seule issue pour sa retraite, et que **ce** point soit occupé par l'ennemi, ou bien si elle est tombée dans une ambuscade, ce qui prouve toujours qu'elle a été dirigée avec imprévoyance et ignorance des localités, elle doit **ou** tenter de se faire jour, ou se disperser de tous côtés, **pour** qu'au moins une partie puisse échapper et aller prévenir les avant-postes de l'évènement. Si le chef de patrouille se décide à se faire jour, il réunit ses hommes et se précipite vivement et hardiment sur l'ennemi; car, ici, il s'agit de sa **propre** existence et de celle des soldats qui lui ont été confiés; s'il réussit il continue sa retraite avec ordre.

§ 109.

Pendant la nuit, une patrouille a moins à craindre, si elle

se trouve attaquée par l'ennemi, pourvu qu'elle ne se soit pas laissé surprendre ; car l'obscurité force l'ennemi à prendre plus de précaution. Il a déjà été dit, que pendant la nuit une patrouille doit toujours rester réunie, afin que si elle vient à être attaquée, elle puisse agir avec vigueur.

CHAPITRE V.

Conduite d'une patrouille lorsqu'elle doit agir offensivement.—Patrouilles divisées.—Patrouilles mixtes.—Émissaires.

§ 110.

Lorsqu'une patrouille a mission de ne pas éviter une rencontre avec l'ennemi, de tâcher de faire des prisonniers, ou d'attaquer des postes isolés, elle doit être nombreuse. Le chef qui doit la commander, recevra ses instructions en conséquence. — Si, outre l'objet dont elle est chargée, une patrouille a ordre, lorsque l'occasion s'en présente, de faire des prisonniers, son chef cherchera d'abord à s'informer de la marche des patrouilles ennemies. Est-il parvenu à en avoir connaissance, il dirige sa marche vers l'ennemi en prenant les mesures de précaution indiquées; choisit un emplacement convenable et s'y tient à couvert, il place des postes pour sa sûreté, observe le terrain, et surveille l'approche de l'ennemi. Le lieu où il prend position doit être choisi de manière qu'il puisse y être complètement à couvert, sans toutefois être gêné dans ses mouvements. S'il aperçoit une patrouille ennemie, il s'assurera d'abord de sa force et de sa composition, avant que d'entreprendre quelque chose contre elle. Sans cette précaution, il pourrait se trouver compromis, s'il se trouvait avoir affaire à une patrouille beaucoup plus forte que la sienne. Mais si c'est une faible patrouille qui se présente, il enverra à sa rencontre quelques éclaireurs marchant en patrouille. L'ennemi, en les apercevant, marchera probablement contre eux pour les attaquer ; mais ceux-ci se retireront sur le flanc de l'embuscade, et si l'ennemi suit imprudemment, l'occasion favorable ne tardera pas à se présenter où le chef de patrouille sortant subitement de son embuscade, et prenant l'ennemi en flanc et en dos, pourra lui faire un ou plusieurs prisonniers. Si pendant la marche, la patrouille aperçoit celle de l'ennemi venant à sa rencontre, elle se cachera sur les côtés de la route, et agira de la même manière. Le but étant atteint, la patrouille se retirera promptement, avant que l'ennemi n'ait eu le temps d'envoyer après elle un plus fort détachement.

§ 111.

Lorsqu'une patrouille a mission d'attaquer un poste, ce ne peut être qu'un poste avancé, car il serait absurde d'entreprendre quelque chose contre l'un de ceux qui font partie de la chaîne des postes. Ces attaques ne doivent s'exécuter que de nuit, et qu'après s'être assuré pendant le jour de la position et de la force de l'ennemi. — Dans cette circonstance, la patrouille s'approche avec précaution et reste réunie, en se tenant constamment sur ses gardes. Si l'ennemi se garde mal, il sera facile à la patrouille de le surprendre en l'attaquant subitement et vivement. Si le coup est manqué, il ne faudra pas en tenter un nouveau, mais bien se retirer promptement, avant que l'ennemi ne se soit mis en mesure d'agir. Si une patrouille a mission de reconnaître la position d'un poste, et de s'informer de sa force, elle devra s'en approcher également avec précaution ; faire halte à quelque distance sur un point d'où la vue ne soit pas bornée, et de là faire une fausse A cet effet, on poussera en avant quelques éclaireurs qui, en attaquant l'ennemi, l'obligeront de montrer une partie ou même la totalité de ses forces. Le chef de la patrouille étant ainsi parvenu à son but, il rappellera ses éclaireurs qui serviront alors à couvrir sa retraite. Si l'ennemi fuit imprudemment, et que le terrain soit favorable, il sera facile de lui dresser une embuscade ; toutefois la patrouille se trouvant dans le voisinage des avant-postes ennemis, son chef ne saurait trop prendre de précautions.

§ 112.

Lorsqu'une forte patrouille doit se diviser pour accomplir une mission sur des routes différentes, on la désigne sous le nom de *patrouille divisée* (*getheilte Patrulle*). On veut, par exemple, attendre l'ennemi sur deux routes différentes, conduisant au même point, ou bien fouiller sur différents points une grande portion de terrain, ou enfin attaquer un poste ennemi de deux côtés à la fois. Pour cela, il est essentiel qu'une patrouille divisée, dont chaque partie doit agir isolément sous le commandement d'un chef spécial, soit toujours prête à se réunir pour agir en commun. Les éclaireurs devront, autant que possible, se tenir à la même hauteur, et ne jamais se perdre de vue. Si l'ennemi s'approche inaperçu d'une des parties de la patrouille, l'autre partie devra chercher par tous les moyens possibles à en prévenir celle qui se trouve menacée. Si une partie est attaquée, l'autre se hâtera de la soutenir, et, suivant la circonstance, elle menacera l'ennemi sur son flanc ou sur ses derrières. Lorsque l'une des deux sections se retire, elle doit toujours diriger son mouvement sur l'autre, en prenant le chemin le plus court, afin d'opérer une prompte jonction. Celle des deux sections qui aperçoit l'ennemi doit en prévenir l'autre, afin que cette dernière puisse faire ses dispositions.— Agir de concert et se réunir promptement au moment nécessaire, sont deux conditions essentielles pour ces sortes de patrouilles. La mission remplie, la retraite s'exécute, soit réunis, soit divisés, suivant les circonstances.

§ 113.

Sous la dénomination de *patrouilles mixtes*, on comprend celles qui sont composées de cavalerie et d'infanterie. On les emploie souvent dans un pays alternativement ouvert et plat, ou lorsqu'une patrouille est chargée de missions de différente nature. Le terrain détermine l'ordre de la marche ; s'il est ouvert, la cavalerie envoie ses éclaireurs en avant, et l'infanterie suit en se tenant réunie. Devant un terrain coupé, au contraire, la cavalerie se rassemble et se tient à une portée de fusil du terrain que l'infanterie fouille avec soin ; la cavalerie traverse ensuite et va reconnaître le pays de l'autre côté, l'infanterie se réunit et suit. — La même manœuvre s'exécute en cas d'attaque. Sur un terrain ouvert, l'infanterie est protégée par la cavalerie, et sur un terrain coupé, celle-ci est protégée par l'infanterie. Le plus élevé en grade ou, à grade égal, le plus âgé doit commander la patrouille.

Remarque. Ici on posera plusieurs exemples dont on donnera l'explication.

§ 114.

Des émissaires (1) sont des soldats sûrs qui ont ordre de s'approcher le plus possible de l'ennemi et de recueillir des nouvelles. On en envoie généralement deux ensemble. Comme cette mission veut être remplie avec une grande intelligence, on n'y doit employer que des hommes doués de jugement, de présence d'esprit et de pénétration. C'est la tâche la plus dif-

(1) On les désigne souvent sous le nom de patrouilles volantes (*schlich-patrullen*).

ficile qu'ait à remplir le soldat ou le sous-officier. Il tombe sous le sens que ces émissaires doivent éviter soigneusement toute rencontre avec l'ennemi, puisque, de cette précaution, dépend la réussite de leur mission et leur sûreté personnelle. On peut, au besoin, donner à ces hommes un soutien sur lequel ils puissent se replier; toutefois la sûreté personnelle doit être sacrifiée au devoir qu'on a à remplir. Lorsque des émissaires aperçoivent l'ennemi, qu'il soit au repos ou en marche, la circonstance décidera si tous deux doivent se retirer ou si l'un d'eux seulement doit aller en faire le rapport. Tout cela doit s'exécuter avec le plus grand calme et les plus grandes précautions. Il ne peut être ici question des nouvelles qu'on se procure en se servant de gens qui n'appartiennent pas à l'état militaire.

SUPPLÉMENT.

Explication et but des signaux (*lichtzeichen*) mentionnés au § 91.

§ 115.

Ces signaux sont muets et s'exécutent avec l'arme ou la main, pour faire comprendre aux éclaireurs ce qu'ils ont à faire. Ils remplacent le *signal* et sont toujours employés lorsqu'on ne veut pas se laisser découvrir par l'ennemi. Lorsque ces signaux ne sont pas fixés par des réglements, celui qui dirige les éclaireurs, soit d'une patrouille, soit de tout autre détachement, doit, avant le départ, convenir avec les hommes de ceux qu'il veut employer. Les éclaireurs doivent en conséquence fixer leur attention les uns sur les autres pendant la marche, ou pendant les mouvements qu'ils exécutent, et se communiquer les signaux qu'ils reçoivent. Les terrains coupés et couverts présentent dans ce cas des difficultés, et exigent un redoublement d'attention. Il est naturellement impossible de se servir de signaux muets dans l'obscurité; d'ailleurs, on n'envoie pas ces éclaireurs lorsqu'il fait nuit, et ceux d'une patrouille ou d'un détachement de sûreté en marche ne sont jamais éloignés de la troupe. Un signal donné par des coups de sifflet suffit souvent pour rendre les éclaireurs attentifs, et leur faire connaître les ordres de leur commandant.

IIIᵐᵉ PARTIE.

DÉTACHEMENTS DE SÛRETÉ EN MARCHE.

INTRODUCTION.

§ 116.

Nous avons vu dans la première partie que, lorsqu'en temps de guerre, un corps vient à s'arrêter, il se garde contre les attaques et les surprises de l'ennemi, par des détachements que nous avons nommés *avant-postes* Ces détachements de sûreté sont également nécessaires, lorsqu'un corps est en marche. Cette mesure ne s'applique pas seulement à une armée, ou à un corps d'armée, mais aussi aux plus faibles détachements. Nous allons traiter dans cette partie, de la composition, de l'emploi et de la conduite de ces détachements de sûreté en marche, dans tous les cas qui peuvent se présenter.

§ 117.

La destination des détachements de sûreté en marche est généralement la même que celle des avant-postes; comme ceux-ci, ils doivent surveiller l'approche de l'ennemi et, en cas d'attaque ou de surprise, résister jusqu'à ce que les troupes aient pris les armes. Ils doivent aussi se considérer comme avant-postes mobiles; leur dénomination ordinaire indique suffisamment le côté qu'ils ont à garder. On les divise en avant-garde, en garde de flanc (*Flankendeckungen*) et en arrière-garde.

§ 118.

La force des détachements de sûreté se règle sur celle des troupes en marche; toutefois, le principe émis à l'article des avant-postes, trouve également ici son application; c'est-à-dire que, proportionnellement parlant, plus le corps de troupes est fort, plus le détachement de sûreté est faible. Il est très-difficile et souvent impossible de rien fixer à cet égard; car, en temps de guerre, les circonstances, le terrain et le plus ou moins de proximité de l'ennemi exercent une grande influence. On a essayé de déterminer arithmétiquement, quelle devait être la force de ces détachements de sûreté, pour des détachements de troupes de 10 à 30 hommes, et successivement, jusqu'à la force d'un corps d'armée. Par exemple : pour 10 à 30 hommes la moitié.

    » 50—100 h., un tiers;
    » 200—100 h., un quart. »

Pour plusieurs milliers d'hommes, 1/3 jusqu'à 1|6 de l'effectif; mais, je le répète, cette donnée arithmétique éprouve souvent des modifications suivant les circonstances.

§ 119.

La force des détachements de sûreté, agissant isolément, se règle sur la direction que doit suivre l'ennemi, c'est l'arrière-garde qui doit se trouver la plus nombreuse. Lorsqu'une troupe est menacée sur ses flancs, elle doit se garder le plus fortement sur le côté où elle présume que l'ennemi peut l'attaquer. Il est souvent inutile de se garder sur les flancs, par exemple, lorsqu'ils sont couverts par la nature du terrain. Les fleuves, les rivières profondes, de hautes montagnes, des marais, des bois épais, suffisent souvent pour protéger une troupe contre les attaques de flanc.

§ 120.

La distance, où un détachement de sûreté doit se tenir du corps de troupes, se règle sur le terrain, sur l'espèce et sur la force de la troupe en marche. Ici s'applique aussi ce principe : Plus une troupe est nombreuse, plus doit être grande la distance où doivent se tenir les détachements de sûreté, parce que, comme on l'a dit dans la première partie, plus une troupe est nombreuse, plus il lui faut de temps pour se préparer au combat.

CHAPITRE Ier.

De l'avant-garde. — Sa destination et son organisation.—Distance qu'elle
doit observer entre la troupe et elle, et entre ses différentes parties.

§ 121.

L'avant-garde est destinée à couvrir le front d'un détachement de troupes en marche. Pour cela, elle marche à quelque
distance du détachement et dans la direction qui lui est pres-
crite, et qu'elle doit toujours conserver. Elle doit en outre :

1° Fouiller avec soin le terrain sur lequel elle passe, ainsi
que tous les accidents de terrain qui pourraient favoriser une
embuscade de l'ennemi.

2° Faire une résistance vigoureuse en cas d'attaque, jusqu'à
ce que la troupe ait eu le temps de faire ses dispositions.

3° Informer promptement et consciencieusement le commandant de la troupe de tout ce qu'elle a pu recueillir sur la
position et les mouvements de l'ennemi.

§ 122.

Pour qu'une avant-garde puisse remplir les devoirs qui lui
sont prescrits, il est nécessaire qu'elle se divise et qu'elle envoie de petits détachements en avant et sur les flancs. Toutes
ces parties, quoique indépendantes les unes des autres, cependant doivent agir de commun accord pour atteindre le
même but.

§ 123.

Avant de se mettre en marche, tous les hommes, devant

former l'avant-garde, seront divisés en trois ou quatre parties égales, suivant la nature du terrain, et on fera en outre les dispositions suivantes.

En admettant la division par tiers, un tiers formera le piquet de l'avant-garde et, si l'avant-garde est de 36 hommes, et par conséquent le piquet de 12 hommes, il fournira la tête. Le second tiers, divisé en deux parties égales, flanquera l'avant-garde, et le dernier tiers formera l'arrière-garde.

§ 124.

Si une avant-garde est composée de cavalerie et d'infanterie, ce qui se pratique volontiers, la cavalerie fournira le piquet d'avant-garde et flanquera le détachement pendant le jour, lorsqu'on se trouve sur un terrain ouvert; tandis que sur un terrain coupé et pendant la nuit, ce service sera fait par l'infanterie; sur un terrain varié, ce même service se fera alternativement par l'infanterie et par la cavalerie. Dans tous les cas, il est avantageux d'adjoindre quelques cavaliers à la troupe avancée lorsqu'elle ne se compose que d'infanterie, afin de transmettre promptement les nouvelles, et là où le terrain le permet, d'entretenir les communications.—Le commandant de l'avant-garde se tient habituellement auprès du corps principal; toutefois, il doit se porter partout où sa présence est nécessaire.

§ 125.

Le piquet de l'avant-garde est chargé de couvrir le front du détachement principal. A cet effet il se porte à quelque distance du détachement, et envoie en-avant un sous-officier et 4 hommes pour former ce qu'on appelle la tête [*spitze* (pointe)], et détache quelques éclaireurs sur ses flancs. De son côté, le sous-officier de la tête pousse deux hommes en avant en éclaireurs. Si le piquet a moins de 12 hommes, deux suffiront à la tête.—Le piquet est chargé de fouiller avec soin toutes les parties du terrain où l'ennemi pourrait s'établir. Si la tête et les flanqueurs ne suffisent pas, on détachera une partie du piquet et s'il le faut le piquet tout entier s'éparpillera en éclaireurs.

§ 126.

Les troupes de flanqueurs ont pour objet de protéger les flancs de l'avant-garde, ils doivent surveiller l'approche de l'ennemi et reconnaître le terrain à proximité de la direction. Chacune d'elles envoie à droite et à gauche, un ou plusieurs petits pelotons d'éclaireurs, et lorsque le terrain nuit aux communications avec le détachement principal, on échelonne l'éclaireur.—Ces troupes de flanc ne sont pas toujours nécessaires; car là où le pays est ouvert sur le flanc qu'elles doivent protéger, elles se joignent au détachement principal et marchent autant que possible à la même hauteur; on ne les envoie au loin que lorsque le terrain l'exige. Dans une contrée varriée où il est tantôt nécessaire, tantôt inutile de se couvrir, les troupes de flancs doivent toujours marcher sur les flancs de l'avant-garde pour éviter de fatiguer inutilement la troupe, par un mouvement continuel en avant et en arrière. —Ces troupes, ainsi que les éclaireurs, doivent éviter soigneusement de trop s'éloigner du corps principal et de s'en séparer soit par des fossés considérables, soit par un ruisseau qui dans son cours peut s'élargir, soit par un marais etc. Pendant la nuit ou par un temps de brouillard ou de neige, l'attention doit redoubler à cet égard.

§ 127.

Le détachement principal doit au besoin résister à l'ennemi et servir de soutien à l'avant-garde. Il se maintiendra
toujours en communication avec les troupes qu'il a détachées,
et si l'heure, le temps et le terrain l'exigent, il échelonera
des éclaireurs.

§ 128.

Les éclaireurs seront choisis parmi les hommes les plus
agiles et les plus sûrs. Leurs instructions sont les mêmes que
pour les éclaireurs des patrouilles de reconnaissance. Ils doivent
se surveiller mutuellement ; marcher sans bruit ; rendre
compte de tout ce qu'ils ont observé etc.

Remarque. Voyez § 94 et 95 de la seconde partie.

§ 129.

Les éclaireurs devront informer de suite le commandant du
piquet d'avant-garde, de tout ce qui leur paraîtra suspect.
Celui-ci se portera alors en avant pour reconnaitre et fera
son rapport au commandant du corps d'avant-garde, qui de
son côté, si la chose est importante, en informera le commandant du corps principal, après toutefois avoir pris ses mesures. Les détachements de flancs font leur rapport au piquet
et à l'avant-garde en même temps. — Si les éclaireurs se rencontrent inopinément avec l'ennemi, le commandant du piquet d'avant-garde fera ses dispositions avant d'envoyer son
rapport.

§ 130.

La distance à observer entre l'avant-garde et le corps principal dépend de la mission que la première a à remplir. Il est essentiel que la marche de la troupe soit retardée le moins possible par la reconnaissance des lieux. L'avant-garde doit donc se porter assez loin pour avoir le temps de fouiller le terrain avant l'arrivée du corps et pour que celui-ci ne soit pas obligé de suspendre sa marche. — Il est encore d'une haute importance pour la troupe d'être informée à temps de l'approche ou de la découverte de l'ennemi, afin d'avoir le temps de prendre ses mesures.

Il résulte de ce qui vient d'être dit, que la distance est toujours relative.

§ 131.

Voici quelles sont les circonstances qui ont une influence décisive sur la distance à donner à l'avant-garde :

1° Le terrain.

Dans un pays ouvert qui ne permet pas à l'ennemi de s'embusquer, l'avant-garde peut se tenir près du corps principal. Mais plus le terrain est couvert et coupé plus elle doit s'en tenir éloignée. Elle devra sur tout, se tenir à une grande distance dans une marche à travers un défilé, parce qu'ici il est essentiel d'avoir une prompte connaissance de l'approche de l'ennemi.

2° La force des troupes en marche et de l'avant-même.

Plus une troupe est nombreuse, plus il lui faut de temps pour se mettre en état de combattre, et plus l'avant-garde doit être forte. Une forte avant-garde pourra toujours se tenir plus éloignée qu'une faible avant-garde.

3° L'espèce de la troupe.

Une avant-garde composée d'infanterie ne doit pas s'éloigner autant que celle qui serait formée de cavalerie, parce qu'elle est plus exposée que celle-ci; si l'on veut dérober autant que possible la marche à l'ennemi, il ne faut pas que l'avant-garde se tienne à une trop grande distance.

§ 132

Il est plus facile d'établir une règle fixe pour la distance que les différentes sections de l'avant-garde doivent observer entre elles; toutefois on ne doit pas trop s'arrêter aux chiffres, attendu que le terrain, l'espèce de troupe et les circonstances peuvent y apporter des modifications. Dans l'infanterie, cette distance du piquet de l'avant-garde à la troupe principale est de 200 à 300 pas.

De la pointe au piquet	150	200
Des éclaireurs de la tête au piquet	50	80
De la troupe de flanc à la troupe principale	150	200
Tous les autres éclaireurs sur les flancs, ne doivent pas s'éloigner de leur troupe à plus de	100	150

Exemple :

Ordre de marche d'une avant-garde composée de :

I.

1 officier.

2 sous-officiers.

1 *signaliste.*

32 soldats.

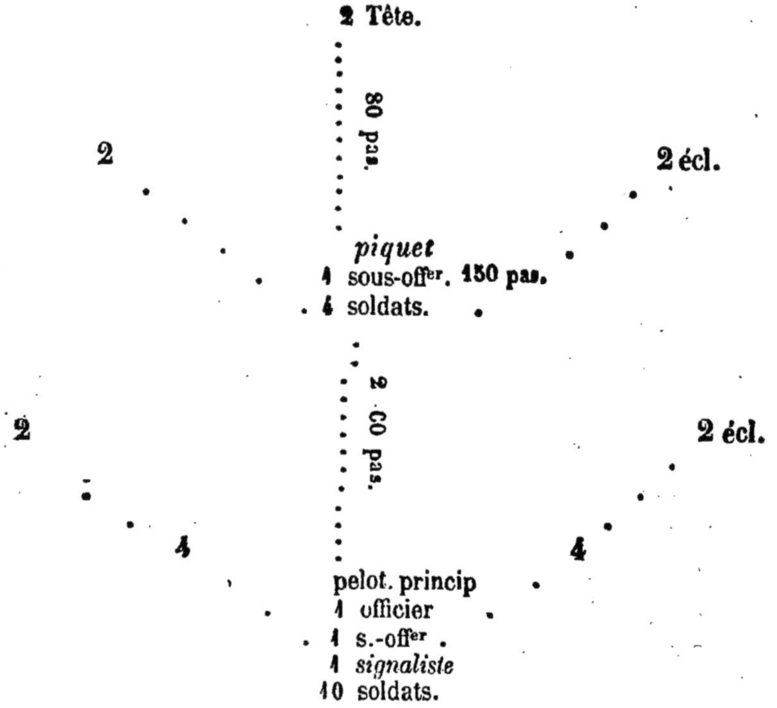

2 Tête.

80 pas.

2   2 écl.

piquet

1 sous-off[er]. 150 pas.

4 soldats.

2 CO pas.

2   2 écl.

4   4

pelot. princip

1 officier

1 s.-off[er]

1 *signaliste*

10 soldats.

La distance entre cette avant-garde et la troupe peut être de 300 à 400 pas.

Remarque. S'il y a plus d'un signaliste attaché à l'avant-garde, on devra en placer un au piquet.

Détachement de sûreté en marche.

2 officiers
7 sous-officiers
2 signalistes
80 soldats.

II.

2 éclaireurs.

80 pas.

1 sous-officier
2 hommes.

150 pas.

2 écl.

2.

piquet
1 officier
2 s.-of.
1 signal.
18 hom.

150 p.

200 — 300 pas.

2 écl.

2.

100-150
1 s.-of.
11 hom.

1 s.-of.
11 hom.

100-150 p.

peloton principal.

150-200　1 of.　150-200 pas
2 s.-of.
1 signal.
28 hom.

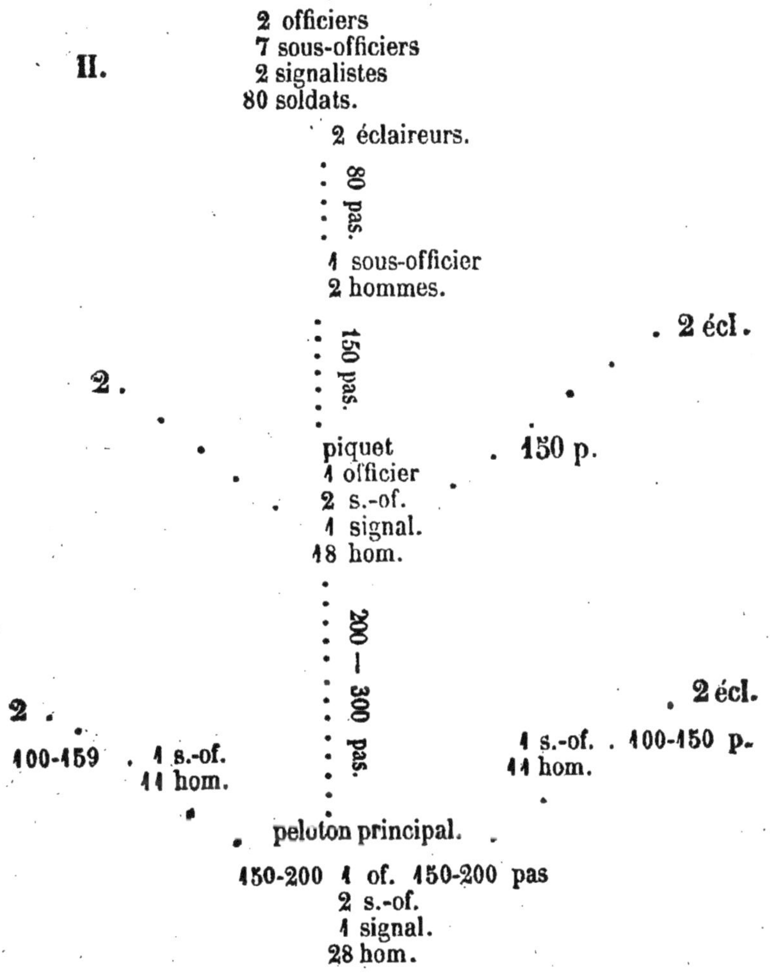

La distance entre ce détachement et la troupe peut être de 400 à 500 pas,

De plus faibles avant-gardes comme par exemple :

1 sous-officier

10 hommes,

détachent seulement deux hommes à la tête , et deux sur les flancs. Quatre hommes restent, et les sous-officiers forment le peloton.

La distance d'une faible avant-garde à la troupe , ne doit pas dépasser 200 à 250 pas

CHAPITRE II.

Conduite du Commandant de l'avant-garde avant de se mettre en marche. — Marche. — Conduite des flanqueurs. — Exploration du pays.

§ 133.

Avant de faire ses dispositions comme il a été dit dans le chapitre précédent, le commandant de l'avant-garde se fera indiquer la direction qu'il doit suivre, et quelle doit être sa conduite dans des cas particuliers. Il sera convenable qn'il en prenne note sur son carnet. Il se fera donner ensuite un guide sûr, qu'il fera marcher en tête. Si l'avant-garde rencontre l'ennemi; le guide sera conduit en arrière sur le détachement et suivant les circonstances jusqu'au corps de troupe, afin que, pendant le combat, il ne puisse trouver l'occasion de prendre la fuite, ou même de passer à l'ennemi. On ne saurait trop recommander de bien traiter ce guide.

§ 134.

Tous les voyageurs venant du côté de l'ennemi et arrêtés par la tête de l'avant-garde, doivent être envoyés au commandant, qui les interrogera avec soin sur tout ce qui concerne le terrain et la position de l'ennemi. Il en fera ensuite son rapport soit par écrit, soit verbalement par un sous-officier, ou soldat, en envoyant le voyageur au commandant du corps. Dans aucun cas, il ne peut être permis aux voyagaurs de retourner sur leurs pas; on ne doit également pas souffrir qu'aucun d'eux dépasse la colonne. — Il a déià été dit que le commandant de l'avant-garde n'a point de poste fixe ; il se tient ordinairement près du détachement principal ; mais il peut le quitter dès qu'il le juge nécessaire en ayant soin tontefois de dire sur quel point il se dirige (§ 124).

<h3 style="text-align:center">§ 135,</h3>

La marche de l'avant-garde doit s'exécuter sans bruit et avec précaution, puisque à chaque instant, elle doit s'attendre à rencontrer l'ennemi. Il est aussi très important de conserver la direction indiquée, et d'en donner connaissance aux chefs des détachements de flanqueurs et aux éclaireurs. Les détachements marchant chacun isolément doivent toujours s'observer entre eux, afin de ne pas trop se rapprocher ou s'éloigner les uns des autres. L'avant-garde devant couvrir le front, c'est elle aussi qui règle le mouvement de la marche. Si des obstacles viennant à arrêter la colonne, le commandant de l'avant-garde doit en être prévenu pour qu'il puisse faire halte.

Remarque. En route, l'avant-garde règle sa marche sur celle de la colonne.

<h3 style="text-align:center">§ 136.</h3>

Quand les chemins se partagent, ou bien lorsque la route qu'on suit fait un coude, un éclaireur s'arrétera au détour, tandis que l'autre continuera à se porter en avant avec prudence · le premier attendra l'arrivée de la tête de l'avant-garde. Celle-ci laissera à son tour un homme en arrière pour attendre le piquet, qui lui-même en fera autant, et enfin le détachement principal laissera un de ses hommes pour attendre la colonne. Cette précaution· est surtout nécessaire pendant la nuit, ou par un temps de brouillard ou de neige ; car nous savons, par expérience, que lorsque cette précaution a été négligée, des troupes isolées, et même la colonne tout entière, se sont égarées.

§ 137.

Il a déjà été question plusieurs fois de la conduite que doivent tenir les éclaireurs. On leur recommande encore de s'approcher avec précaution du terrain couvert, et avec promptitude d'une hauteur; d'exercer leurs yeux pendant le jour et leurs oreilles pendant la nuit; de ne pas se perdre de vue, et là où le terrain ne leur permet pas de s'apercevoir, de donner de temps en temps un signal, afin de se tenir toujours en communication; et de pouvoir s'informer mutuellement de tout ce qui leur paraît suspect. A l'avant-garde, on se servira aussi fréquemment de signaux, qui seront répétés vivement par les éclaireurs. Les éclaireurs d'un petit peloton ne doivent jamais rester réunis; mais toujours se tenir éloignés de dix à vingt pas les uns des autres. Dans le cas où les éclaireurs seraient rappelés, ils devront se replier sur la troupe qui les a détachés; si l'avant-garde fait une halte, ils se mettront à couvert, mais de manière à apercevoir tout ce qui se passe autour d'eux. Les éclaireurs des troupes de flanqueurs auront en outre à se conformer aux instructions suivantes : Ils devront veiller sur les flancs et fouiller tous les objets de terrain qui sont à leur portée. Si la marche conduit dans le voisinage d'un bois, d'une chaîne de montagnes, etc., les éclaireurs se porteront sur la lisière du bois, sur la crête des hauteurs en ayant soin d'éviter de franchir tout ce qui pourrait les couper de leur troupe. S'ils ont ordre de garder un pont, un défilé, un ravin, etc., ils se porteront dehors de ces objets, et en garderont l'entrée en se tenant à couvert, afin d'observer la marche de l'ennemi. Dans le cas où ces défilés se prolongeraient trop, ils devront y pénétrer au moins jusqu'à une certaine distance.

§ 138.

Lorsque la marche a lieu sur un pays entièrement ouvert, il est inutile que l'avant-garde se tienne à une trop grande distance de la colonne ; les troupes se rapprochent et les flanqueurs et les éclaireurs deviennent inutiles.

§ 139.

Avant d'expliquer la manière d'explorer une contrée, il faut signaler ici une faute grave que l'on commet généralement en pareille circonstance. S'il est de toute nécessité qu'une patrouille de reconnaissance fouille avec soin les plus petits objets, il n'en est pas de même pour une avant-garde ; bien que cependant cela dépende de sa force. Mais on voit souvent dans les manœuvres de cette espèce, les avant-gardes perdre beaucoup de temps à fouiller des buissons isolés, des petits bouquets de bois sur un terrain du reste ouvert, où pourrait à peine se cacher une patrouille ennemie ; patrouille qui bien certainement, délogerait en voyant l'avant-garde d'un régiment s'approcher de son embuscade. Cette précaution sans but ne fait que retarder la marche de la troupe ; on ne veut cependant pas dire par là qu'il faille s'approcher avec imprévoyance ; au contraire, plus une troupe est faible, plus chaque objet acquiert d'importance pour elle, et plus elle doit s'en approcher avec précaution.

§ 140.

Lorsqu'une troupe doit traverser un village, avant d'en approcher le commandant du piquet d'avant-garde s'informera auprès du guide :

1o Des chemins qui y conduisent, de l'état et de la direction de ces chemins.

2o De l'étendue du village, de sa disposition ; s'il s'y trouve beaucoup de maisons en pierre et des murs.

3o S'il est traversé par un courant d'eau ; dans ce cas, quelle en est la largeur et la profondeur ; s'il existe des ponts ou des planches pour le traverser et sur quel point ils sont situés ; si les premiers sont construits en pierre ou en bois.

4o De la disposition du terrain de l'autre côté du village.

Tou ceci est d'une grande importance. L'avant-garde devra faire halte à une portée de fusil au moins du village, et autant que possible s'y tenir à couvert. Les éclaireurs de la tête s'approcheront avec précaution des enclos extérieurs et des premières maisons ; ils chercheront à s'emparer d'un des habitants et le conduiront au commandant du piquet, qui l'interrogera sur les points suivants :

1o Si l'ennemi occupe le village ?

2o S'il l'a occupé, quel chemin il a pris ?

3o Ce qu'il y a fait ?

4o Quelles étaient l'espèce et la force du détachement ennemi ?

Ceci terminé, il fera conduire cet homme au commandant de l'avant-garde qui le retiendra près de lui ou l'enverra au chef de la troupe.—Pendant ce temps, la tête et les éclaireurs de flanc devront se considérer comme des védettes chargées d'observer le terrain en avant et sur les flancs. S'il n'existe rien d'hostile dans le village, la tête du piquet se dispersera en éclaireurs et y pénétrera avec précaution en fouillant chaque cour, chaque jardin, etc., où l'ennemi pourrait se cacher. Parvenue de l'autre côté elle prendra position en se mettant à couvert derrière les enclos, et elle détachera un homme pour avertir le piquet qui suivra alors en prenant les mêmes précautions, tandis que les flanqueurs tourneront le village. Si celui-ci est d'une grande largeur, on emploiera pour le tourner les troupes de flanc qui selon les circonstances et la nature du terrain se disperseront ou se tiendront réunies. Mais dans tous les cas, il est urgent de tourner le village des deux côtés. Pendant ce tems, l'avant-garde se sera avancée et aura fait halte à l'entrée, ou mieux encore à quelque distance du village. Le piquet ayant atteint l'autre côté, son commandant en fera prévenir celui de l'avant-garde et celui-ci en donnera avis au commandant du corps. La colonne s'étant approchée, le gros de l'avant-garde se mettra en mouvement dès que la colonne aura atteint le village, et on continuera la marche. L'ordre dans lequel la marche doit s'exécuter ultérieurement dépendra alors de la disposition du terrain. Si le pays est coupé ou couvert, le piquet et les troupes de flanc resteront dispersés et reconnaîtront le terrain en avant avec précaution. Si le village est long à traverser et qu'on ne puisse attendre que les troupes aient terminé leur exploration de l'autre côté, l'avant-garde se mettra en marche par échelons et la colonne suivra lentement. Les troupes de flanc devront être constamment en mouvement sur les côtés du village.

§ 141.

S'il s'agit de traverser un bois, la tête et le piquet se dispensent en formant à la distance d'une portée de fusil de la lisière une ligne d'éclaireurs, sur un seul rang. Cette ligne doit s'étendre de manière à tourner les extrémités du bois. Si, comme cela arrive souvent, le piquet ne suffit pas, on emploiera les troupes de flanc et même une partie de l'avant-garde. Celle-ci suit la ligne des éclaireurs et lui sert de soutien. Il est important de maintenir une communication constante parmi la ligne des éclaireurs. Le bois étant traversé les éclaireurs n'en sortiront pas de suite. Ils devront se tenir cachés derrière les arbres, observer le pays et attendre le signal pour se porter en avant. La colonne étant arrivée près du bois, on continuera la marche après en avoir rétabli l'ordre.

§ 142.

A l'approche d'un défilé, l'avant-garde doit faire halte avant de s'y engager; dans cette circonstance, elle peut se rapprocher du piquet. Les éclaireurs de la tête se présenteront avec précaution à l'entrée du défilé, et se suivront à une distance de 50 à 40 pas. Lorsqu'ils auront pénétré dans le défilé, ils fouilleront les ravins et les chemins qui y aboutissent, et iront se poster à son issue, de manière à pouvoir observer ce qui se passe devant eux sans être aperçus. Les hommes de la tête et du piquet suivront ensuite en marchant deux par deux à une distance de 50 à 40 pas; ils fouilleront également les chemins, les ravins, etc., et en occuperont l'entrée jusqu'à l'arrivée du gros de l'avant-garde. Lorsque la tête et le piquet seront parvenus jusqu'à la sortie du défilé, ils y prendront postion en se tenant à couvert, et y attendront l'arrivée de l'avant-garde qui jusque-là, s'était tenue à l'entrée. Les éclaireurs de flanc du piquet devront, autant que possible et si leur sûreté le permet, se porter sur les hauteurs; ils y seront suivis par les troupes de flanc avec leurs éclaireurs. Si le terrain ne le permet pas tous les éclaireurs et les petits détachements se replieront sur leurs troupes respectives. Au besoin, on les emploiera à reconnaître les chemins, les ravins, et, là où c'est nécessaire, dans le défilé même. Dès que l'avant-garde s'approchera de son piquet, celui-ci continuera la marche, et l'avant-garde s'arrêtera à l'issue du défilé jusqu'à l'approche de la colonne. Les faibles avant-gardes doivent être très prudentes en pareilles circonstances ; en se mettant trop tôt en marche, elles s'exposeraient à être coupées de leurs colonnes qui, n'étant encore qu'à l'entrée du défilé, peut-être, ne pourraient leur porter secours. Sur un terrain très varié, la conduite de l'avant-garde est la même ; les troupes de flanc doivent éviter de trop s'éloigner de leur détachement ; on se porte de même en avant par échelons, comme il a déjà été dit.

§ 143.

Le passage d'un pont s'opère généralement de la même manière, toutefois avec cette différence, que le piquet reste réuni, et qu'il attend l'avant-garde de ce côté-ci du pont. La tête étant parvenue sur l'autre rive, elle se disperse et reconnaît le terrain et tous les objets qui pourraient servir d'abri à l'ennemi ; elle fait ensuite son rapport au piquet et se tient à couvert pour observer. Le piquet franchit le pont lorsque l'avant-garde est arrivée, et celle-ci à l'approche du corps principal.

§ 144.

La reconnaissance des accidents de terrain sur les côtés de la route que doit suivre la colonne, se fait par un détachement de l'avant-garde, lorsque les troupes de flanc ne suffisent pas. Mais, pour que la marche ne soit pas retardée, ce détachement doit être envoyé à temps, car si les objets à reconnaître sont d'une grande étendue, l'avant-garde est obligée de suspendre sa marche, et elle ne peut la continuer que ces objets n'aient été fouillés avec soin.

CHAPITRE III.

Conduite de l'avant-garde dans une halte. — Rencontre de l'ennemi. — Conduite en cas d'attaque.—Marche de nuit.

§ 145.

Si l'avant-garde s'arrête, toutes les troupes détachées et les éclaireurs doivent s'arrêter en même temps, et se mettre autant que possible à couvert, principalement les éclaireurs, afin d'observer avec soin le pays. Toutefois, cette précision dans la halte, ne doit pas être prise à la lettre, et quelques centaines de pas de plus dans la distance ne font rien à la chose.

Si, par exemple, au moment de la halte, l'avant-garde se trouve au pied d'une hauteur, elle se portera assez loin en avant, pour que les éclaireurs puissent reconnaître librement le pays qui est devant eux, ou bien si un pont ou une digue se trouve à proximité, le gros de l'avant-garde se rapprochera et fera observer le pays de l'autre côté par le piquet et la tête. Lorsqu'un long défilé se présente, l'avant-garde y pénètre, elle occupe tous les chemins qui y aboutissent, ainsi que les ravins, et sert de soutien au piquet et à la tête. Généralement, dans une halte, et surtout lorsque cette halte est occasionnée par la colonne, l'avant-garde doit prendre une position qui lui permette d'observer le pays et de résister à l'ennemi en cas d'attaque.

§ 146.

Les éclaireurs venant à apercevoir l'ennemi lorsqu'il est encore à une grande distance, l'un d'eux se détachera pour aller en prévenir le commandant du détachement, tandis que les autres resteront en observation. Après avoir fait passer plus loin le rapport, le commandant décidera si la marche sera suspendue ou continuée.

Comme dans presque tous les cas, il est important de dérober sa marche à l'ennemi, les éclaireurs ne devront faire feu que lorsqu'ils seront réellement attaqués. Le commandant du piquet devra s'assurer par lui même de l'exactitude du rapport qui lui aura été fait. Si, d'après ses instructions, le commandant de l'avant-garde doit continuer sa marche, il recommandera de redoubler de surveillance.

§ 147.

Si les éclaireurs découvrent l'ennemi à peu de distance, toutes les parties de l'avant-garde s'arrêteront dès qu'elles en auront été informées, et la tête se repliera sur le piquet avec ses éclaireurs. Les mesures ultérieures dépendent des circonstances. Un rapport verbal doit être fait immédiatement au commandant de l'avant-garde et au chef de la colonne. Si on est attaqué par de l'infanterie, le piquet cherche une position convenable, ou il se déploie sur place en tirailleurs; l'avant-garde forme le soutien, et les flanqueurs restent réunis sur les flancs pour les protéger, ou bien ils se déploient également en tirailleurs s'il est nécessaire d'opposer une ligne de feu étendue à l'ennemi. Si celui-ci est en force, et que l'avant-garde ne puisse faire une longue résistance, elle pourra se déployer entièrement en tirailleur, et le soutien sera alors fourni par la colonne. Si au contraire on est attaqué par de la cavalerie, tous les éclaireurs se replieront sur leurs troupes respectives qui alors se soutiendront mutuellement. Dans tous les cas, l'avant-garde doit tenir assez de temps pour que la colonne puisse faire ses dispositions soit pour l'attaque, soit pour la défense. Lorsqu'une avant-garde est forcée de battre en retraite, elle ne doit jamais le faire sur le front mais bien sur le flanc de la colonne afin de ne pas la gêner dans sa défense.

§ 148.

Lorsque les éclaireurs rencontrent l'ennemi dans un défilé; comme par exemple un ravin, un chemin creux, ils font feu immédiatement et cherchent à regagner l'entrée; l'avant-garde se retire à une portée de fusil du défilé et attend là de nouveaux ordres. Si, après avoir franchi un défilé, l'avant-garde se trouve en face de l'ennemi, elle doit garder l'issue de ce défilé. et en défendre vigoureusement l'entrée à l'ennemi; mais si celui-ci parvient à y pénétrer par un autre côté, l'a-vant-garde courre alors un grand danger.

§ 149.

Une marche de nuit présente constamment de grandes dif-ficultés, car elle force à redoubler de vigilance et de précau-tions.

Toutes les divisions de l'avant-garde doivent toujours être à portée de s'entendre. On n'emploiera comme éclaireurs que les hommes les plus agiles. Lorsque la communication devient difficile, on l'établit par des escouades de communication (*Verbindungsrotten*). On doit éviter de faire le moindre bruit. De temps en temps quelques éclaireurs se couchent à terre et y appliquent l'oreille pour s'assurer de l'approche de l'en-nemi. S'ils entendent quelque chose, on en fera de suite le rapport. Le commandant de l'avant-garde ou celui du piquet, s'en assurera autant que possible par lui-même. Si quelque chose approche réellement, la conduite qu'on aura à tenir se réglera sur les instructions et sur les circonstances. L'avant-garde se mettra à couvert sur le côté de la route, pour tomber sur le flanc de l'ennemi, ou, si celui-ci est en force, pour le laisser passer sans l'inquiéter. Une attaque imprévue sur le flanc de l'ennemi le met souvent en désordre, et l'oblige à retourner sur ses pas ; car il ne peut connaître notre force ; comme nous, nous ne pouvons connaître la sienne. Si les éclaireurs rencontrent inopinément l'ennemi, ils font feu immédiatement, ou crient « l'ennemi est là ». L'avant-garde se porte alors résolument à la rencontre de l'ennemi pour donner à la colonne le temps de se former.

CHAPITRE IV.

Des détachements de flanqueurs.—Leur utilité.—Leur répartition.—Marche.

§ 150.

Les détachements de flanqueurs ont pour objet de protéger les flancs d'une troupe en marche, contre une attaque de l'ennemi. Ils doivent en conséquence observer ses mouvements sur les flancs, et fouiller toutes les parties du terrain qui pourraient lui servir d'abri.

Leur éloignement de la colonne se règle généralement sur l'importance de la tâche qu'ils ont à remplir. Comme les autres détachements de sûreté, ils doivent se tenir à une distance assez grande pour pouvoir découvrir promptement l'approche de l'ennemi et donner à la colonne le temps de faire ses dispositions pour le combat. Dans tous les cas, ils doivent se tenir toujours plus éloignés que les troupes de flanc de l'avant-garde.

Parfois, ils règlent leur distance sur les chemins qu'ils parcourent, parallèlement avec celui de la colonne, et sur lesquels ils peuvent continuer à marcher tant qu'ils ne s'éloignent pas trop de la direction.

§ 151.

Le commandant d'un détachement de flanqueurs reçoit, avant de se mettre en marche, les instructions dont il a besoin. Ces instructions lui indiquent la direction qu'il doit suivre, et la conduite qu'il doit tenir dans les circonstances particulières où il peut se trouver. Ensuite, il partage ses hommes en deux sections égales, dont l'une se disperse en éclaireurs, tandis que l'autre marche réunis à la hauteur du centre de la colonne. Des troupes de flanqueurs réunies, marchent toujours de manière à faire front à l'ennemi, l'une par une à gauche et l'autre par une à droite.

Les éclaireurs sont poussés jusqu'à 100 ou 150 pas sur les côtés. Ils doivent s'étendre de manière à couvrir toute la profondeur de la colonne et à se trouver en communication avec les flanqueurs de l'avant-garde et ceux de l'arrière-garde. Si la colonne s'arrête, les flanqueurs et les éclaireurs font aussitôt front en dehors et forment ainsi une ligne d'éclaireurs avec son soutien (V. fig., pag. 71.)

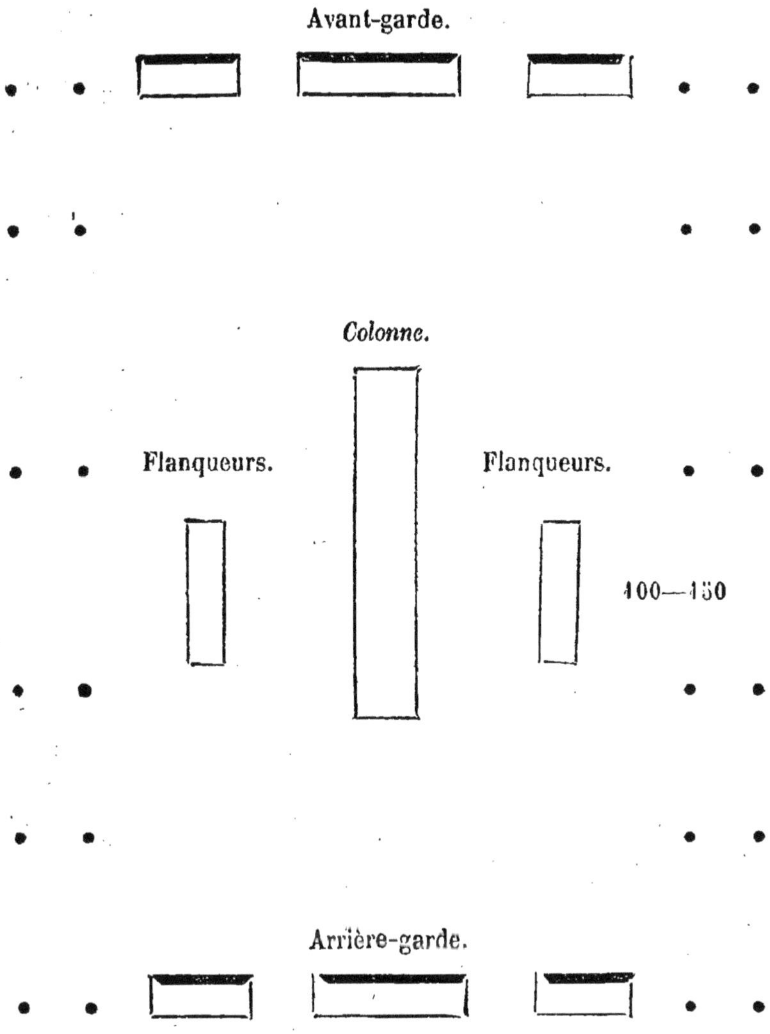

Avant-garde.

Colonne.

Flanqueurs.　　　　Flanqueurs.

100—150

Arrière-garde.

§ 152.

Le terrain et les circonstances décident de l'emplacement que doivent occuper les flanqueurs. Lorsqu'on est en marche dans un pays entièrement ouvert, les hommes chargés de flanquer la colonne, vont se placer entre elle et l'avant-garde afin d'avoir de l'avance dans le cas où ils seraient détachés. S'ils sont chargés de fouiller une portion de terrain sur les côtés de la colonne, ils se conforment, à cet égard, à ce qui a été prescrit pour l'avant-garde. Lorsqu'il se trouve des hauteurs sur les côtés, les flanqueurs y envoient des éclaireurs pour observer la contrée. Ces éclaireurs se conduisent absolument comme ceux de l'avant-garde. Si la nature du terrain exige qu'on se couvre sur un flanc ou sur les deux en même temps, les flanqueurs se portent à la hauteur du centre de la colonne. Les communications avec celle-ci sont maintenues par des éclaireurs.

§ 153.

Les flanqueurs ne doivent jamais laisser une portion de terrain d'un difficile accès, entre eux et la troupe, afin de ne pas s'exposer à être coupés. Toutes les fois qu'on traversera un défilé qui ne pourra pas être tourné par les flanqueurs, ceux-ci se replieront sur la colonne. Si des postes d'observation ont été placés dans le défilé par les troupes de l'avant-garde, ces postes seront relevés et occupés par les flanqueurs jusqu'à l'arrivée de l'arrière-garde.

§ 154.

Dans le cas d'une attaque sérieuse, on ne peut exiger des flanqueurs une résistance soutenue ; mais ils doivent repousser les petites attaques. Si leurs éclaireurs découvrent l'ennemi ils se conduiront comme le font en pareil cas les éclaireurs de l'avant-garde. Dans une attaque sérieuse les flanqueurs se replieront de manière à ne nuire ni aux troupes qu'on envoie pour les soutenir, ni aux dispositions de la colonne.

§ 155.

Pendant la nuit ou pendant le jour, lorsqu'on se trouve sur un terrain couvert, ou que le temps est obscurci par le brouillard, les flanqueurs sont souvent dans une position fort embarrassante. Il leur est difficile de couvrir convenablement la colonne. C'est alors qu'une vigilance soutenue devient nécessaire, non-seulement de la part du commandant des flanqueurs, mais aussi de tous ses subordonnés. On ne saurait avoir trop de prudence; et on devra recommander aux éclaireurs de ne franchir aucune portion de terrain qui pourrait les séparer et les mettre en danger. Il arrivera très souvent qu'on ne pourra pas détacher les flanqueurs parce qu'il leur serait mpossible de marcher avec la colonne.

CHAPITRE V.

De l'arrière-garde. — Sa destination et sa répartition. — Distance qui doit exister entre elle et aussi entre les différentes parties qui composent cette arrière-garde.

§ 156.

Les circonstances dans lesquelles se trouve une troupe en marche, déterminant l'emploi que l'on doit faire de l'arrière-garde. Si la troupe marche à l'ennemi, le but de l'arrière-garde est :

1° D'empêcher les traînards et les voitures de rester en arrière, et :

2° De protéger les derrières de la colonne contre les attaques des partisans ennemis. Dans ce cas, l'arrière-garde, comme il a été dit au § 119, doit être moins forte que l'avant-garde.

Si, au contraire, la troupe bat en retraite, l'arrière-garde devient division de sûreté, et elle a alors pour but :

1° De protéger la troupe contre une attaque en dos;

2° D'arrêter l'ennemi jusqu'à ce que la troupe ait fait ses dispositions pour le combat. Comme dans cette dernière circonstance l'arrière-garde joue un rôle important, il en sera parlé plus particulièrement.

§ 157.

Dans sa répartition et dans son ordre de marche, l'arrière-garde est à considérer comme une avant-garde qui fait face en arrière. De même que celle-ci se porte et s'étend en avant et sur les côtés, de même l'arrière-garde doit également s'étendre en arrière et sur les côtés. La troupe destinée à former l'arrière-garde se divise dans les mêmes proportions arithmétiques, en corps principal, en piquet d'arrière-garde et en flanqueurs. Si la troupe marche en avant, on supprime souvent le corps principal à l'arrière-garde. On peut toutefois renforcer le piquet lorsque l'ennemi suit la troupe de près. Comme les flanqueurs de l'arrière-garde n'ont point à fouiller le pays, ils pourront être proportionnellement plus faibles, et l'excédent qui en résultera servira à renforcer le piquet. Par ce motif, il sera bon de diviser toute l'arrière-garde en quatre parties égales ; un quart seulement sera employé à fournir les flanqueurs. Lorsqu'une arrière-garde sera composée d'infanterie et de cavalerie, le piquet et les flanqueurs seront fournis par l'une ou l'autre de ces armes, selon la nature du terrain et l'heure du jour. Dans cette circonstance, on se conformera à tout ce qui a été dit dans le premier chapitre de cette partie sur la formation du piquet d'avant-garde, etc. Le commandant n'est pas obligé de se tenir plutôt à une division qu'à une autre ; et ses fonctions sont les mêmes que celles du commandant de l'avant-garde.

§ 158.

La distance entre l'arrière-garde et la troupe dépend des circonstances où l'on se trouve. Si l'on n'est pas poursuivi, l'arrière-garde reste à une distance suffisante pour découvrir l'approche de l'ennemi et donner à la colonne le temps de faire ses dispositions. Si, au contraire, l'ennemi poursuit, la distance dépendra alors du plus ou moins de vivacité avec laquelle se fera la poursuite et aussi de la nature du terrain. Si celui-ci est favorable à la retraite et à la résistance, l'arrière-garde se retirera lentement, tandis que sur un terrain plat et défavorable, elle devra accélérer sa marche.

§ 159.

Le piquet d'arrière-garde est chargé de surveiller l'approche de l'ennemi. Il suit le gros de l'arrière-garde à la même distance où le piquet d'avant-garde se trouve du gros de l'avant-garde. Il laisse pour sa sûreté une pointe queue en arrière, dont la place et la distance sont les mêmes qu'à l'avant-garde ; ou bien il forme une ligne d'éclaireurs en arrière pour couvrir sa marche. Pendant la nuit, la communication est entretenue par des flanqueurs intermédiaires. Si le terrain l'exige, le piquet envoie des éclaireurs sur les flancs.

§ 160.

Les flanqueurs doivent couvrir les flancs de l'arrière-garde et surveiller l'approche de l'ennemi. Sur un terrain ouvert ils restent près du gros de l'arrière-garde, et on ne les détache que lorsque le terrain l'exige. Dans ce cas ils marchent à la même hauteur avec le gros de l'arrière-garde, et envoient sur les côtés des petites troupes d'éclaireurs qui se mettent en communication avec ceux des éclaireurs de la colonne.

§ 161.

En cas d'attaque, le gros de l'avant-garde doit servir de soutien au piquet et résister vigoureusement.

Dans ce cas, la distance qui doit exister entre lui et le corps est généralement fixée. Si pendant la marche le corps principal arrive sur un point où les routes se croisent, il laissera un homme en arrière pour indiquer à l'arrière-garde la direction qu'elle doit suivre.

Lorsque l'arrière-garde est composée d'infanterie et de cavalerie, on fait marcher toujours à la queue de l'avant-garde, la même espèces de troupes que celles dont le piquet est formé.

Les rapports se font dans le même ordre qu'à l'avant-garde.

Ordre de marche normale d'une arrière-garde composée de

I.

1 officier.
2 sous-officier,
1 signaliste,
32 hommes.

2.

100 pas, 2 écl.

4.

4.

corps principal
1 officier
1 sous-offi.
1 signaliste,
10 hommes.

2.

200 pas.

150 pas, 2 écl.

1 sous-officier,
4 hommes

80 pas.

2 queue,
hommes.

II.

   2 officiers,
   7 sous-officiers,
   2 signalistes,
80 hommes.

corps principal :
1 offic.
2 sous-offic.
1 signaliste,   1 sous-offic.
30-40 hommes.   8

2-300 pas

piquet, 150 pas.

1 offic.
2 sous-offic.
1 signaliste,
12-22 hommes.

150 pas

1 sous-offic.   queue
2 hommes.

80 pas

2 hommes éclaireurs.

De faibles arrières-gardes, comme par exemple :

   1 sous-officier,

10 hommes,

ne détachent que deux hommes pour former la queue et deux hommes sur chaque flanc. Les quatre hommes restant forment la troupe principale.

CHAPITRE VI.

Conduite de l'arrière-garde, pour découvrir l'approche de l'ennemi. — Conduite des éclaireurs. — Ce qu'on doit faire dans une halte, lorsqu'on à découvert l'ennemi et qu'on en est attaqué.

§ 162.

Pendant une marche de jour et dans un pays découvert, la tête avec ses éclaireurs suffit pour découvrir l'approche de l'ennemi. De temps en temps, l'un des éclaireurs s'arrêtera pour jeter un coup d'œil en arrière, et choisira pour cela quelque point élevé. Si au contraire la vue est bornée, si le temps ou l'obscurité rend cet examen impossible, le piquet d'arrière-garde laissera en arrière une ligne d'éclaireurs qui sera chargée de couvrir la marche. Nous avons déjà vu plusieurs fois, qu'il devient difficile et même quelquefois impossible de former une ligne d'éclaireurs pendant la nuit ; mais comme dans cette circonstance l'ennemi marche probablement sur la même route, le piquet de l'arrière-garde n'a besoin que de garder ses derrières. Il est très important pour l'arrière-garde de ne pas perdre l'ennemi de vue, d'observer tous ses mouvements et d'en informer le commandant en chef.

§ 163.

Comme le service des éclaireurs se borne à observer, leur conduite est très simple et ils devront à cet égard se conformer à ce qui a été prescrit pour ceux de l'avant-garde. On ne saurait trop leur recommander de s'observer mutuellement d'être toujours en communication entre eux, et d'écouter avec le plus grand soin de leurs yeux et de leurs oreilles. Ils devront s'arrêter fréquemment, porter leurs regards en arrière, et rendre compte de tout ce qui aura attiré leur attention.

§ 164.

Dès que, par un motif quelconque, la colonne s'arrête, le commandant de l'arrière-garde, sans s'inquiéter de la distance qui peut exister entre lui et la colonne, choisira une position qui lui permette d'observer autour de lui et de résister. Le trerain déterminera si l'arrière-garde doit rester sur le lieu où elle se trouve au moment de la halte, ou si elle doit se porter en avant ou en arrière. — Ce dernier mouvement s'exécutera dans une longue halte lorsque l'arrière-garde aura franchi, peu de temps auparavant, des points qu'il devient essentiel d'occuper; comme, par exemple, un pont, un défilé, etc. Toutefois ce mouvement rétrograde ne doit pas porter l'arrière-garde trop loin et lui faire courir le danger d'être coupée de la colonne.

A chaque halte, l'arrière-garde fait front à l'ennemi, et tâche de se mettre à couvert. Les flanqueurs observent ce qui se passe sur les flancs et les éclaireurs observent comme védettes, le terrain du côté de l'ennemi.

§ 165.

Si les éclaireurs découvrent l'ennemi au loin, on en rendra compte de suite, mais on continuera la marche en redoublant de surveillance. Si l'ennemi attaque réellement l'arrière-garde, il peut y être déterminé par plusieurs motifs : ou son intention est d'inquiéter la marche de l'arrière-garde, de la forcer à s'arrêter, et de l'engager dans un combat sérieux, ou il veut forcer la colonne à faire halte. Un commandant d'arrière-garde expérimenté saura bientôt reconnaître l'intention de l'ennemi à ses mouvements. Dans tous les cas, il ne doit pas perdre de vue que sa principale mission est de protéger la colonne.

Si l'arrière-garde est attaquée sérieusement et par des forces supérieures, elle doit s'attendre à être secourue ; si, après une vigoureuse résistance, elle est forcée de battre en retraite, elle doit l'exécuter de manière à ne pas gêner la colonne dans ses dispositions de défense.

CHAPITRE VII.

Combat d'arrière-garde.

§ 166.

L'arrière-garde doit, autant que possible, éviter toute espèce d'engagement avec l'ennemi afin de ne pas interrompre la marche. Si cependant elle se voit forcée de faire tête à l'ennemi, elle se tendra toujours sur la défensive, à moins qu'elle ne trouve l'occasion d'agir offensivement sur quelque point. Elle doit surtout assurer sa retraite et l'exécuter sans précipitation en profitant du terrain et des circonstances.

§ 167.

L'arrière-garde ne doit jamais engager tout ses hommes, mais en conserver une partie comme soutien. Si l'ennemi n'attaque qu'avec de l'infanterie, on formera une ligne de tirailleurs avec les hommes du piquet de la queue et les flanqueurs. Le gros de l'arrière-garde s'étendra sur une position favorable pour recueillir les tirailleurs s'ils sont repoussés. Ceux-ci se réuniront derrière la seconde ligne où ils s'éparpilleront selon les circonstances. La retraite se continuera ainsi en se recueillant et en se soutenant mutuellement.

§ 168.

Si l'ennemi attaque avec de la cavalerie, l'arrière-garde

formera un ou deux pelotons qui, en se soutenant mutuellement, se retireront jusqu'à ce que le terrain leur permette de se déployer pour arrêter l'ennemi par un feu régulier. La retraite sur un terrain coupé et par conséquent favorable à l'infanterie doit s'exécuter lentement, tandis qu'on doit l'accélérer dès qu'on se trouve sur un terrain couvert. Si l'ennemi attaque vivement et sans prévoyance, on peut lui dresser une embuscade sur un point favorable et se procurer par là quelque temps de repos.

§ 169.

Lorsque l'arrière-garde sera obligée de passer par un défilé en combattant, elle devra se tenir sur ses gardes ; car certainement l'ennemi fera tous ses efforts pour y arriver avant elle et lui couper la retraite. Dès que la dernière troupe aura atteint l'entrée du défilé, elle y prendra position pour arrêter l'ennemi par un feu vif et soutenu. Les tirailleurs traverseront vivement et iront se réunir à l'autre troupe. Les flanqueurs surtout devront chercher à atteindre le defilé le plus promptement possible. Dans aucun cas on ne doit poursuivre l'ennemi, soit qu'il se retire, soit qu'il s'arrête. Lorsqu'enfin la dernière troupe continuera sa retraite, elle devra l'effectuer vivement. Elle pourra laisser en arrière quelques éclaireurs qui la suivront de près. Toutefois un défilé peut être souvent très propice à une arrière-garde composée d'infanterie, lorsque pour favoriser la marche de la colonne, on désire arrêter l'ennemi pendant quelque temps ; mais il ne faut pas que la défense se prolonge inutilement. On ne doit pas s'arrêter dans les défilés qui peuvent être tournés par l'ennemi, avant que l'arrière n'ait ses flancs protégés. S'il existe d'autres abords dans le défilé, il faudra les garder pendant le combat afin d'en rendre l'accès impossible à l'ennemi. Si les deux côtés du défilé sont accessibles, on y enverra des tirailleurs pour les défendre. En général, il faut soutenir le combat avec vigueur, jusqu'à ce que la colonne ait franchi le défil.

§ 170.

Après avoir franchi un pont, l'arrière-garde, si elle en a le temps, devra le barricader et le rendre impraticable. S'il est construit en bois, elle le détruira soit en l'enlevant, soit en y mettant le feu (elle doit généralement se servir de tout ce qui est à sa portée, pour rendre impraticables tout espèce de défilé). Toutefois, il peut arriver que pendant le combat l'arrière-garde n'ait pas le temps de prendre ces mesures ; elle fera alors occuper la rive opposée par des tirailleurs, tandis qu'elle défendra le passage.

§ 171.

Si l'arrière-garde rencontre une localité qui, par sa nature, soit propre à la défense, tel qu'un village, un bois, etc., elle devra l'occuper aussitôt. Bien entendu qu'il ne peut être question ici d'une longue résistance, à moins que la colonne ne soit arrêtée pour prendre une position. Toutefois une courte mais vigoureuse résistance peut tenir l'ennemi en échec et retarder la poursuite. Lorsque l'arrière-garde atteint un village, elle doit en faire occuper le plus fortement possible toutes les issues par des détachements, et les enclos par des tirailleurs. Elle aura en outre, soit dans le village même, sur un emplacement convenable, soit derrière le village, une réserve destinée à soutenir les points menacés, ou à protéger la retraite. Si on est forcé de reculer, une partie de l'arrière-garde traversera directement le village, tandis que l'autre partie protègera ses flancs et empêchera qu'elle soit tournée. La réserve commencera la retraite et ira se poster à une portée de fusil du village pour recevoir les tirailleurs et la troupe qui seraient poussés trop vivement par l'ennemi.

§ 172.

Quand la retraite s'effectue à travers un bois, on en fait occuper d'abord la lisière par des tirailleurs, tandis que la troupe se porte sur les flancs et sur les issues. La réserve s'établit ordinairement sur le chemin principal. La retraite s'effectue en se déployant en tirailleurs ; mais si l'ennemi ne poursuit que faiblement, l'arrière-garde peut rester réunie, en conservant une queue et des flanqueurs qui auront soin de ne pas se tenir trop éloignés.

§ 173.

Pendant la nuit, l'arrière-garde doit maintenr soigneusement ses communications avec la colonne.

En cas d'attaque elle se comportera généralement comme pendant le jour ; seulement il lui sera plus facile de tenir tête à l'ennemi, attendu que celui-ci ne peut juger de la force de son adversaire. On peut admettre qu'une arrière-garde qui est attaquée se retirera pendant la nuit, dans l'ordre réuni, parceque, pendant l'obscurité, l'ennemi ne quittera pas cette même route.

APPENDICE.

Du terrain.

§ 174.

Sous le nom de terrain, on comprend la superficie de la terre, (avec tous les objets naturels et artificiels qui la couvrent), considérée sous le rapport de la tactique et des opérations militaires.

Un terrain est ou *horizontal* ou *incliné, découvert* ou *couvert*. Il peut être *unis* ou *coupé; uniforme* ou *varié*.

§ 175.

La configuration du terrain se divise généralement:

1° En *Parties de terrain (Terrain theile)*; tels, par exemple, que plaines, montagnes et éminences, vallées et bas-fonds, bois, eaux, marais, marécages.

2° En circonstances de localités; tels que jardins, vignobles, murs, haies, enclos, routes, canaux, digues, ponts, bâtiments, villages, etc., tous ces différents objets peuvent faciliter ou entraver les opérations, les couvrir ou les masquer.

§ 176.

On donne le nom de coupure à une partie de terrain d'une étendue plus ou moins vaste, séparée ou limitée par des parties de terrain; tels que rivières, marais, montagnes, vallées, bois, etc.

§ 177.

On nomme *terrain uni* une plaine légèrement inclinée, que l'œil peut parcourir dans toutes les directions.

Terrain inégal celui sur lequel se trouve une multitude de petites aspérités qui, cependant, ne gênent pas trop la vue.

Terrain découvert, celui sur lequel il n'existe ni broussailles, ni bois, ni maisons, etc., et qui ne présente aucun obstacle aux mouvements des troupes.

Terrain coupé celui qui est traversé par des fossés, des ravins, des bas-fonds, des ruisseaux, des haies, etc., tous objets qui gênent les mouvements.

Terrain couvert, celui où la vue est gênée par des arbres, des buissons élevés, des murs, des bâtiments, etc.

Terrain praticable, celui où les hommes, les chevaux, les voitures, l'artillerie, peuvent se mouvoir sans rencontrer d'obstacles.

Enfin *terrain impraticable*, celui qu'on ne peut traverser sans employer des moyens artificiels, et sans faire des préparatifs.

De la manière de s'orienter.

§ 178.

En temps de guerre, il est d'une grande importance pour les patrouilles et les petits détachements, de pouvoir s'orienter partout où ils se trouvent, afin de retrouver, à toute heure du jour ou de la nuit, le lieu et l'emplacement occupés par les troupes auxquelles ils appartiennent. Ces détachements ne peuvent pas toujours se procurer un guide, et quelquefois ils sont obligés de dérober leur marche avec un tel soin qu'il peut devenir dangereux pour eux d'aller aux informations dans les habitations, ou de s'adresser, pour cela, à des habitants de la contrée. Il peut donc arriver qu'ils s'égarent dans un pays qui leur est étranger, et qu'ils ne sachent plus quelle direction prendre pour retrouver le point d'où ils sont partis. Il est alors urgent qu'un chef de détachement sache remarquer quelle est la région du ciel qui correspond avec la direction qu'il doit suivre (1). La direction principale étant connue, par rapport à cette région, il s'agira plus tard de retrouver, par le moyen d'un signe quelconque, l'un des points du ciel; dès qu'on en connaîtra un, il sera facile de trouver les autres. Si, par exemple, ayant marché du midi au nord, on connaît l'un de ces points, la plus grande difficulté sera levée.

§ 179.

On a différents moyens et différentes lignes pour reconnaître les régions du ciel, et c'est ici le moment d'indiquer quelques-uns de ces moyens qui sont très simples, par eux-mêmes; mais, avant tout, une explication des points principaux du ciel devient nécessaire.

(1) Ceci devra être expliqué par des exemples.

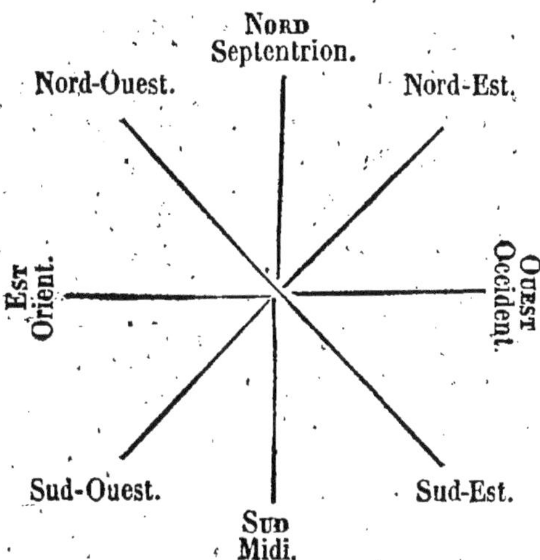

On nomme sud ou midi le point où se trouve le soleil lorsqu'il est midi, et ouest ou occident celui où il se couche. Le point situé directement en face du sud : point où le soleil qui est invisible pour nous, se trouve à minuit, se nomme nord ou septentrion ; et là où le soleil se lève, est ou orient. Entre ces quatre points cardinaux, on en admet quatre autres qui sont représentés dans la figure ci-dessus. Il suffit de connaître ces 8 points du ciel, bien qu'on en admette 32 dont la figure se nomme boussole. Lorsqu'il fait du soleil et qu'on est muni d'une bonne montre, il est facile de trouver la région du ciel.

Remarque. — Les moyens qu'on doit employer pour s'orienter, sont empruntés, pour la plupart, à l'ouvrage de E. Reiche sur cette matière, 1830.

§ 180.

Pendant la nuit, lorsque les étoiles sont visibles, le meilleur moyen de s'orienter, est de connaître l'étoile polaire qui indique d'une manière invariable la direction du nord. On trouve cette étoile dans le voisinage de la constellation, connue sous le nom de Grande-Ourse ou du Chariot. En se figurant le prolongement par une ligne droite, des deux étoiles indiquées, dans la figure, par les lettres *a* et *b*, dites roues de derrière du chariot, prolongement qui devra avoir cinq fois la distance qui existe entre ces deux étoiles, on trouvera l'étoile polaire qui se distingue par son grand éclat au milieu de petites étoiles qui l'environnent.

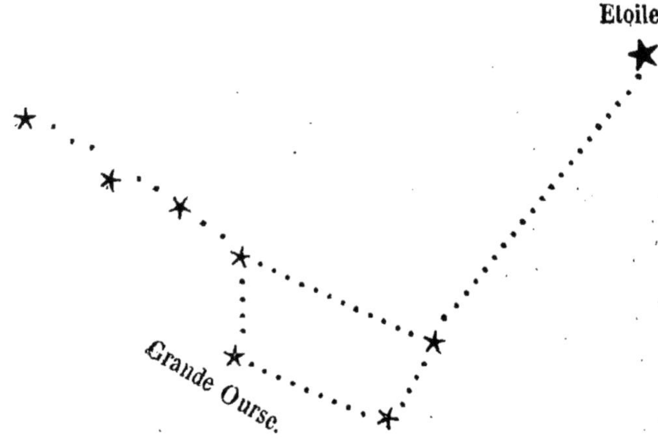

§ 181.

Pour découvrir la région du ciel, on a encore d'autres indices qui résultent de la pratique et de l'expérience. La plupart de ces signes se fondent sur ce que la saison rigoureuse et pluvieuse nous vient en grande partie du même point, c'est-à-dire du nord-ouest. Cette région se nomme côté du mauvais temps *(Vetterseite)*; côté que l'on reconnaît aux objets qui sont exposés en plein air. Par exemple, on remarque

que du côté du nord-ouest, l'écorce des arbres isolés ou plantés à distance est plus épaisse, plus rude et plus recouverte de mousse et de taches que des autres côtés.

Lorsqu'on abat un arbre, on voit à la section que les anneaux qui indiquent chaque pousse annuelle, sont plus resserrés les uns contre les autres du côté du nord-ouest, et que la moëlle de l'arbre en est plus rapprochée que des autres côtés.

Sur les pieux, les palissades et autres constructions en bois qui reçoivent l'action de l'air, on remarque que le côté exposé au nord-est est plus humide par un temps pluvieux, plus fragile et plus couvert de mousse que les autres côtés. Il en est de même pour les murs construits en pierre ou en terre grasse, et aussi pour les grosses pierres que l'on rencontre dans les champs, etc. On reconnaît également la direction du nord-ouest à l'herbe qui pousse avec plus de vigueur de ce côté, sur les jetées, les digues, les taupinières et les fourmillières. Dans les bois, ces dernières se trouvent presque toujours près d'un arbre, du côté exposé au midi. Les églises offrent aussi un bon moyen de s'orienter, attendu que, dans la règle, le clocher est construit à l'ouest et l'autel à l'est.

§ 182.

Lorsqu'on se rend d'un lieu à un autre, les moyens suivants peuvent aider, pendant la marche, à se maintenir dans la direction qu'on doit suivre. Ces moyens sont :

1° La direction du vent. Mais comme elle change souvent, ce n'est qu'un moyen incertain surtout sur un terrain couvert et montueux.

2° La marche des nuages. Ce moyen est plus sûr parce que les nuages conservent plus longtemps la même direction.

En général, il faut, pour pouvoir se retrouver, observer

avec soin le pays que l'on parcourt et remarquer les portions de terrain isolées ainsi que les objets près desquels on passe. Il est également convenable de s'arrêter souvent et de se retourner afin de bien conserver le souvenir du pays du côté opposé à la direction qu'on suit.

FIN.

TABLE DES MATIÈRES.

—

Iᵉ PARTIE.

Service des Avant-postes.

IIᵉ PARTIE.

Des Patrouilles.

IIIe PARTIE.

Détachements de sûreté en marche.

APPENDICE.

FIN DE LA TABLE.

OUVRAGES SOUS PRESSE :

De la Petite Guerre selon l'esprit de la Stratégie moderne, o
Traité de l'emploi et de l'usage des trois armes dans la Petite Guerre,
par C. DE DECKER, major-général au service de Prusse. 4me édition avec
huit planches gravées. Ouvrage traduit de l'allemand, par L.-A. UNGER,
professeur.

— *La science des armes portatives,* ou *Instruction sur toutes les espèces*
d'armes à feu et blanches de l'armée autrichienne, considérée au point de
vue de l'histoire et de l'art, en s'aidant des renseignements puisés aux meil-
leures sources, suivie d'un *Traité de l'art de tirer,* par François Müller,
sous-lieutenant au 9e régiment d'infanterie de ligne (baron Pelombini).

— *La science des armes,* par le chevalier J. XILANDER, major au corps
royal des Ingénieurs de la Bavière, chevalier de plusieurs Ordres, membre de
l'Académie royale des Sciences de Suède, docteur en philosophie, 3me édition, augmentée par KLEMENS SCHEDEL, capitaine au régiment royal d'artillerie bavaroise (prince Luitpold, professeur de tactique au corps royal des
Cadets).

— *Manuel de l'Artilleur prussien,* à l'usage du service pratique, rédigé
par L. DE MANILOWSKY I, capitaine d'artillerie.

SÈVRES. — M. CERF, IMPRIMEUR, 144, RUE ROYALE.